全球产业金融观察报告(2019)

(2019)

The Observation Report of
Global Industrial Finance(2019)

新兴产业集群的金融支持

Financial Support for
Emerging Industry Clusters

亚洲金融合作协会产业金融合作委员会　编著

中国金融出版社

责任编辑：李　融　李林子
责任校对：张志文
责任印制：程　颖

图书在版编目（CIP）数据

全球产业金融观察报告.2019：新兴产业集群的金融支持/亚洲金融合作协会产业金融合作委员会编著.—北京：中国金融出版社，2020.3
ISBN 978 - 7 - 5220 - 0382 - 5

Ⅰ.①全…　Ⅱ.①亚…　Ⅲ.①金融—研究报告—世界—2019　Ⅳ.①F831

中国版本图书馆 CIP 数据核字（2019）第 277810 号

全球产业金融观察报告（2019）
Quanqiu Chanye Jinrong Guancha Baogao（2019）

出版
发行　中国金融出版社

社址　北京市丰台区益泽路 2 号
市场开发部　（010）63266347，63805472，63439533（传真）
网 上 书 店　http：//www.chinafph.com
　　　　　　（010）63286832，63365686（传真）
读者服务部　（010）66070833，62568380
邮编　100071
经销　新华书店
印刷　保利达印务有限公司
尺寸　210 毫米×285 毫米
印张　10.5
字数　192 千
版次　2020 年 3 月第 1 版
印次　2020 年 3 月第 1 次印刷
定价　68.00 元
ISBN 978 - 7 - 5220 - 0382 - 5
如出现印装错误本社负责调换　联系电话（010）63263947

编 委 会

序

当前产业升级加快，众多原创技术和颠覆性技术实现突破，产业之间、学科之间、自然和人文之间日益交叉融合，带来了生产方式、生活方式、思维方式的显著变化。人工智能、生物技术、新能源、新材料、量子技术等新兴产业引领经济发展，并嵌入电力、建材、石化等传统实体领域，促进了传统产业迈向绿色化、智能化和高端化，智慧交通、智慧医疗、智慧政务等新型基础设施的建设促进了经济社会整体效率的提升。

科技的发展为金融赋予了更多的可能性，技术进步在不断地催生新的金融工具、新的业务模式，甚至改变金融体系的运行规则。供应链金融、互联网金融、消费金融等改变人类生活方式，无感支付、数字货币等逐步进入人们视野并快速增长，对传统货币和金融模式形成冲击。在金融体系的发展变化中，只有坚持和把握金融不变的属性和规律，坚守金融本源，方能促进这些新工具、新模式发挥正向效应，推动新旧动能转换和产业结构升级。

第一，坚持金融开放融通。世界经济发展史反复证明：开放带来进步，封闭导致落后。开放是大势所趋，合作是必然选择。世界经济的持续增长、全球资源的有效配置和人类文明的不断进步需要和谐可持续的全球治理理念，需要开放性的金融市场。金融是现代经济的核心，金融合作是决定当今世界相互联系、相互依存大潮流的重要因素。不同国家和地区的文化传统和发展阶段不同，以金融要素的流通作为纽带，一方面可加速全球基础设施互联互通进程，推动构建和优化全球价值链，推动国际贸易、金融和投资秩序朝着更加公正合理的方向发展；另一方面可推动经贸投资多层次合作，促进全球产业链优化布局，发挥各方差异化优势，实现多元化繁荣。在拓展金融开放和合作中，倡导交流互鉴，打破保护主义的壁垒，解决制度、政策、标准不对称问题。通过开放积聚人气，通过包容增添活力，实现互利共赢、共同发展。

第二，忠于金融服务实体经济的天职。没有实体经济的健康发展，金融就会成为无本之木、无源之水。同时，高质量发展需要高水平的金融供给，当前世界经济增长乏力，须更好发挥金融作用，为第四次技术革命提供资本动能，促进全球经济高质量发展。金融支持实体经济，关键是通过创新，构建新的合作机制，这一机制应该跨越各类创新主体之间的隔离带，把与创新有关的企业、大学、科研机构、金融机构以及政府机构都纳进来，形成全方位、网状的合作关系，这就形成了产业集群。集群主体之间频繁地进行信息交流、技术学习甚至合作研发，加快了新技术的产生和产业化进程，从而吸纳更多的创新主体，涌现出更多的技术成果，加速知识外溢和技术扩散，形成规模经济效益。在技术变革速度不断加快的今天，产业集群是技术创新的有效载体，是新兴产业发展的普遍形式。同时，新兴产业集群也是金融创新的良好载体，是发挥金融普惠作用的最佳平台。金融资产可通过互联网、物联网与各类平台有机结合，构建集群信息大数据平台，为集群主体画像，为集群小微企业增信，从而提高资本配置效率、缓解融资约束、降低信息和交易成本，促进产业资本进一步集聚，形成源源不断的技术创新，推动新兴产业集群的不断壮大。

第三，把握科技和金融深度融合的趋势。回顾历次工业革命，其背后都有金融体系的支撑，这是科技金融的力量。金融的组织形式随着科技进步发生变化，资源配置能力、价值发现能力和风险管理能力不断提升，这也是金融科技的力量。特别是具有高速率、广连接、高可靠、低延时特点的5G的逐步广泛使用，生物、二维码、指纹、刷脸、声音等辨别认证技术逐步成熟，万物互联的产业互联网时代来临，为金融科技的发展带来更大的历史机遇。科技赋能金融发展，金融促进科技创新，科技与金融日益紧密，相互依存，相互促进，融合发展。当然，金融和科技的发展需要相互匹配和协同，更需要遵循金融的内在规律，否则可能发生风险甚至危机。每一项金融创新都需要经历完整的经济周期和信用周期检验，而技术迭代升级非常迅速，有的甚至在短时间就完成了变革性的更迭和替代。就像两条曲线一样，只有相同频率互相匹配的科技创新与金融创新，才能叠加产生出最大的价值，促进科技和金融相互融合，产生良性的螺旋式增长。

不拒众流，方为江海。亚洲金融合作协会产业金融合作委员会搭建了一个和平合作、开放包容、互学互鉴、互利共赢的平台，我们将致力于为亚洲乃至全球实体经济可持续发展提供金融解决方案，打通产融合作中存在的藩篱，进一步探寻各方互补合作契合点、政策理念共鸣点，开展更大范围、更高水平、更深层次的合作。

亚洲金融合作协会产业金融合作委员会第一届主任
中国建设银行副行长　

2019 年 8 月 28 日

前言

技术进步是经济可持续发展和增长的关键驱动力。当前，全球经济增长放缓，经济环境面临多重挑战。伴随着第四次技术革命浪潮，新兴产业正在成为引领未来经济社会发展的重要力量。充分发挥自身的资源禀赋优势，加大金融对新兴产业发展的支持，抢占新兴产业发展的制高点，在本轮国际产业链重构中占据有利地位，已经成为全球主要经济体的共识。同时，我国高质量发展需要匹配性更强的现代金融体系，更好地发挥金融功能，为第四次技术革命提供金融加速器。

新兴产业集群是新兴产业发展的必由之路。它是一种涵盖了战略性技术研发、新兴技术产业化、新兴产业网络化整个过程的具有知识传播、动态循环和创新扩散的组织间关系网络。相比于传统的产业集群，新兴产业集群的创新驱动力更为强劲，知识溢出效应更大，产业自我升级强化的能力更强。新兴产业集群的形成和发展离不开金融的强有力支持。在新兴产业集群的不同发展阶段、不同产业链环节、不同创新发展模式中，金融需求千差万别，需要金融体系提供多样化、差异化和个性化的支持。金融创新是新兴产业构建集群、协同发展的关键，需要不断推动金融观念、机制和产品创新，构建适应新兴产业开放创新、协同发展的需要，能够驱动技术创新、整合延伸产业链的金融支持机制，并拓展金融发展的新空间。

纵观全球新兴产业集群的发展历程，德国高端装备制造产业集群、美国人工智能产业集群、丹麦—瑞典生物医药产业集群、日本新材料产业集群、英国文化创意产业集群等几大代表性集群具有较强的竞争力与示范作用。在其发展壮大过程中，有效的金融支持与政策扶持的有机结合，形成了值得学习借鉴的不同金融支持模式。"十三五"规划实施以来，中国的战略性新兴产业在新一代信息技术、高端制造、生物、绿色低碳、数字创意等领域实现了群体突破，龙头企业技术、产品不断创新，产业积聚的势能不断增强。在政府规划引导和基础设施先行的指导方针下，战略性新兴产业依托各大城市群迅速发展，一个个有特色的产业集群正在带动要素协同发展，成为促进传统产业优化升级、新旧动能接续转换的关键动力，为现代产业体系提供强大支撑。

本报告以辩证唯物主义与历史唯物主义作为指导思想，坚持问题导向，理论与实际相结合，客观分析全球产业金融发展的实际问题，把握未来发展趋势。主要围绕六大内容进行分析和研究：第一，新兴产业对全球经济增长的重要引领作用；第二，新兴产业集群的必要性及其发展模式；第三，与新兴产业集群发展相适配的金融支持体系；第四，全球代表性新兴产业集群的发展历程及财政金融支持模式；第五，中国战略性新兴产业集群的发展路径及模式选择；第六，以金融改革为新兴产业集群发展提供新动力。

通过收集和整理大量文献，揭示技术革命与产业发展变迁的规律，研究新兴产业集群的金融需求与金融供给之间的适配性，建立起金融支持新兴产业集群发展的理论框架。在深刻总结全球主要发达国家新兴产业集群的金融支持经验的基础上，重点剖析中国因地制宜发展战略性新兴产业集群的政策、规划与金融支持模式选择。基于全球产业升级视角，提供金融改革与创新推动新兴产业集群发展的新思路。通过深入细致的研究，本报告提出以下核心结论与建议。

第一，伴随着第四次技术革命浪潮，技术进步与经济全球化深刻改变着国际产业链和价值链，新的产业格局正在形成，发展壮大新兴产业对于全球经济增长意义重大，积极部署新兴产业成为主要经济体的共识。

第二，培育产业集群是新兴产业发展的必由之路，要按照发挥优势、凸显特色、聚焦突破、错位发展的原则，借助产业集群网络特征，提升新兴产业集群的创新能力，培育各地新兴产业集聚发展的内生动力，实现创新驱动经济高质量发展。

第三，金融与产业发展相辅相成，金融促进产业资本集聚、促进技术创新，新兴产业集群发展需要与之匹配的金融支持。为了打破新兴产业集群发展的资金约束，应加快金融供给侧结构性改革，着力于优化金融结构，建设多层次金融体系，提升金融支持新兴产业的针对性，创新金融方式和产品，灵活多元地为产业集群中不同定位的企业提供定制化的金融支持。

第四，国际经验表明，新兴产业集群发展离不开政府的积极引导。发展规划、产业政策要体现系统性、综合性特征，要处理好市场机制与政府调控的关系，协同政府、企业与科研机构等各方力量，加强财政资金的引导作用，发挥投资关键作用，加强新型基础设施建设，深化产教融合，全面推动新兴产业的发展壮大。

第五，技术进步使新兴产业集群发展具有较大的不确定性，这就意味着有较高的沉没成本与融资风险。当前，受中美贸易摩擦、经济下行压力增大等因素影响，中国新兴产业的外部环境更加艰巨，金融风险有所上升，应更多地发挥资本市场分散化解风险的功能，优化资源配置，为新兴产业集群稳健发展提供金融动力。

Preface

Technological progress has been the key driving force for sustainable economic development and growth. At present, the global economic growth is slowing down and the economic environment is facing multiple challenges. With the wave of the fourth industrial revolution, emerging industries are becoming a significant force leading the future economic and social development. It already became the consensus of the world's major economies to increase financial support for the development of emerging industries, so as to give full play to their resource endowment and seize the commanding heights of new industrial revolution, therefore to occupy a vantage point in the latest round of reconstruction of the international industrial chain. At the same time, China needs a modern financial system highly matching its high-quality developing requirements to better function as a financial accelerator for the new technological revolution.

The industrial cluster mode is the inevitable choice for developing emerging industries. It is a kind of Inter Organizational Network with knowledge dissemination, dynamic circulation and innovation diffusion, covering the whole process of strategic technology research and development, new technology industrialization and emerging industry networking. Compared with the traditional industrial clusters, the emerging industrial clusters have stronger innovation driving force, greater knowledge spillover effect and stronger ability of self-upgrading and strengthening.

The formation and development of emerging industrial clusters can not be separated from the strong support of finance. The financial needs vary greatly in different development stages, different industrial chain links and different innovative development modes of emerging industrial clusters, and the financial system is required to provide diversified, differentiated and personalized support. Financial innovation is the key to the construction and the collaborative evolution of emerging industries clusters. It is necessary to constantly promote the innovation of financial concepts, mechanisms and products, build a financial support mechanism which can drive technological innovation, integrate and extend the industrial chain, and expand the new space of financial development.

Making a general survey of the development process of global emerging industry clusters, we can witness several representatives with stronger competitiveness and demonstration effect, such as Germany's high-end equipment manufacturing industry cluster, the U. S. artificial intelligence industry cluster, Denmark-Sweden biomedical industry cluster, Japan's new material industry cluster, and Britain's cultural and creative industry cluster. In the process of their development and expansion, effective financial support and policy support are organically combined, which produced several emblematic financial support modes worth learning. Since the implementation of the 13th Five-Year Plan, China's strategic emerging industries have achieved group breakthroughs in the fields of new generation information technology, high-end manufacturing, biology, green low-carbon, digital creativity, etc. The leading enterprises have continuously realized technologies and products innovation, and the potential accumulation energy of industries has been continuously enhanced. Under the guidance of government planning and infrastructure-first guideline, China's strategic emerging industries develop rapidly relying on the major city agglomerations. Numbers of characteristic industrial clusters are becoming the key power to promote the optimization and upgrading of traditional industries, to promote the continuous transformation of old and new growth power, and to found a modern industrial system accelerating the coordination of production elements.

Taking dialectical materialism and historical materialism as the guiding ideology, this problem-orientated report adheres to combining theory with practice and objectively analyzes the practical problems of global industrial finance in order to grasp the future development trend. This report mainly focuses on six contents. First, the important leading role of emerging industries in global economic growth; second, the necessity and different mode of emerging industry clusters; third, the financial support system suitable for the development of emerging industry clusters; fourth, the development process and financial support of worldwide representative emerging industry clusters; fifth, The path and mode of China's strategic emerging industrial clusters; sixth, financial reform providing new impetus for the development of emerging industrial clusters.

By means of collecting and sorting out a large number of documents, this report devotes to revealing the laws of technological revolution and industrial changes and studying the adaptability between financial demand and financial supply for emerging industrial clusters, thus to establish a theoretical framework of financial support for the development of emerging industrial clusters. After summarizing the financial support experience of emerging industry clusters in major developed countries, this report focuses on analyzing the selection of the policy planning and financial support mode of developing strategic emerging industry clusters in accordance with local conditions in China. In the perspective of global industrial upgrading, this report provides new inspiration for financial reform and innovation to promote the development of emerging industrial clusters. Through in-depth and detailed research, the following core conclusions and suggestions are proposed in this report.

Firstly, with the wave of the fourth industrial revolution, technological progress and economic globalization have profoundly changed the international industrial chain and value chain. A new industrial pattern is being formed. It is of great significance for global economic growth to develop and expand emerging industries. It is a consensus of major economies to actively deploy emerging industries.

Secondly, cultivating industrial clusters is the inevitable way for the development of emerging industries. In accordance with the principles of giving full play to local characteristics and advantages while focusing on differentiation and breakthroughs, we need to make good use of industrial cluster network effect to enhance the innovation potential of emerging industrial clusters, thus to cultivate the endogenous power of the development of emerging industries in various regions, and realize the high-quality development of innovation-driven economy.

Thirdly, finance and industrial development complement each other. Finance promotes industrial capital agglomeration and technological innovation, and the development of emerging industrial clusters needs matching financial supports. In order to break the financial constraints of the development of emerging industrial clusters, we should accelerate the financial supply-side structural reform which aims to optimize the financial structure and form a multi-level financial system, so as to improve the pertinence of financial support for emerging industries. It is the financial service and products innovation that can flexibly provide multiple and customized financial support for enterprises in different positions in industrial clusters.

Fourthly, international experience shows that the development of emerging industrial clusters cannot go smoothly without the active guidance of the government. The development planning and industrial policies should reflect systematicness and comprehensiveness, and serve to properly deal with the relationship between market mechanism and government regulation, thus coordinate the government, enterprises with scientific research institutions and other entities. It is essential to strengthen the guiding function of public financial funds and government investment , strengthen the construction of new infrastructure, deepen the integration of industry and education, and comprehensively promote the development and growth of emerging industries.

Fifthly, the development of emerging industry clusters has great uncertainty as a result of technological progress, which means that there are higher sunk costs and financing risks. Currently, influenced by the trade friction between China and the United States, along with the increasing downward pressure on the economy, the external environment of China's emerging industries becomes more arduous and the financial risks have increased. We should give full scope to the capital market which can better disperse and dissolve risks, thus to optimize the allocation of resources and serve as financial accelerator for the steady development of emerging industry clusters.

目录

第 1 章

新兴产业为全球经济增长提供新动能

【摘要】当前全球经济环境不确定性增加，经济增长放缓。从前三次技术革命对经济的影响来看，第四次技术革命正在成为推动全球经济增长的新动能。技术进步是经济可持续发展和增长的重要驱动，积极部署新兴产业已经成为各个经济体的共识。主要国家相继制定了自己的产业政策和战略布局。科技革命与产业变革互相交织，呈现 S 型的生命周期曲线。每一次技术革命都会带来新的产业，更新基础设施并推动经济爆发式增长。当前新兴产业的发展规律和特征，对金融支持机制和手段提出了挑战。

1.1　第四次技术革命方兴未艾

1.1.1　技术革命为世界经济增长带来新动能

全球经济增长步伐放缓，2019 年 4 月 9 日，国际货币基金组织（IMF）发布最新一期《世界经济展望报告》，将 2019 年全球经济增长预期下调至 3.3%，比 2019 年 1 月的预测低 0.2 个百分点。2019 年 1 月，联合国发布《2019 年世界经济形势与展望》报告，指出 2019 年和 2020 年全球经济将以约 3% 的速率稳步增长，但经济下行风险在增加。上一轮技术革命的动力逐渐消耗，环境承载力与经济增长的矛盾越来越突出，全球经济增长面临多重挑战。然而当今世界新技术、新产业迅猛发展，孕育着新一轮产业革命，新兴产业正在成为引领未来经济社会发展的重要力量，第四次技术革命的力量正在为世界经济增长带来新动能。

技术进步对经济增长有积极影响，这在不同时期的理论中都有所体现。不同的经济增长理论对影响经济增长的因素重视程度不同。通常把影响经济增长的因素归结为劳动、资本、技术进步、土地等，但不同的增长理论大多把技术进步作为经济增长最重要的因素。在古典经济学中，大卫·休谟（David Hume）认为技术进步可以提高劳动生产率、增加国家产出。亚当·斯密（Adam Smith）从劳动分工或者说技术进步出发分析国民财富增长，他认为技术创新使劳动生产率提高。马克思则认为技术创新是技术进步的主要源泉，技术进步是经济增长的首要原因。熊彼特（Joseph Alois Schumpeter）认为技术创新与企业家才能是经济增长的关键。以索洛为代表的新古典增长理论以及分析学派认为，技术进步在经济增长的作用中占到了 80% 以上。内生增长理论直接研究技术进步的内生机制，演化增长理论也把技术进步作为首要原因。这些理论从不同角度论证了技术进步是经济增长的重要源泉。

技术进步对经济可持续发展也有十分积极的作用。技术推动工业化和城市化进程，能够在一定程度上解决社会的健康医疗和教育问题，实现基础设施的覆盖。技术创新还能够提高资源利用效率，降低单位产品的资源消耗量和污染物排放量，能够缓解生态系统的压力，提高自然环境的承载力和稳定性。

三次技术革命的进程也体现了技术进步对经济发展的积极影响。以蒸汽动力技术为主导的第一次技术革命（18世纪中叶到19世纪上叶），使生产的技术方式机械化。以电力技术为主导的第二次技术革命（19世纪中叶到20世纪初）使生产的技术方式在机械化的基础上电气化。以电子技术为主导的第三次技术革命（20世纪30年代到20世纪70年代）使生产的技术方式在机械化、电气化的基础上自动化。第一次技术革命引发的生产力的巨大飞跃，促使生产机械化，形成了聚合的市场，具有了机器生产能力。1870年，英国在世界工业中占32%，在世界贸易中占25%，铁路超过1万千米。第一次技术革命后，农业在英国国民经济中的比重下降到21%，农村人口在全国人口中的比重从18世纪的70%下降到1841年的22%，1851年仅占14.2%，到1850年，城市人口已基本超过全国总人口的50%，英国已从一个农业国变成一个工业国。由此可以看出，英国在第一次技术革命后从农业国瞬间蜕变成了世界工业大国，从而间接推进了其经济的发展。第二次技术革命出现了规模经济和垄断组织，进一步提高了各主要资本主义国家的经济实力。第三次技术革命使世界进入电子化和信息化时代，劳动生产率进一步提高，分工细化、市场细分，即时联系与行动，出现知识经济。第三次技术革命不仅强化了产业结构的非物质化和生产过程的智能化，而且引起了各国经济布局和世界经济结构的变化。三次技术革命带来生产率、组织形式的巨大转变，进而推动区域经济增长。

第四次技术革命正在深刻改变人类的生活环境和经济环境。不到十年，全球的新一轮科技革命和产业变革将从蓄势待发转变为群体迸发。信息革命进程提速，物联网、云计算、大数据、人工智能等技术广泛渗透于经济社会各个领域。增材制造（3D打印）、机器人与智能制造、超材料与纳米材料等领域技术的突破创新推动传统工业体系分化变革，重塑制造业国际分工格局。基因组学及其关联技术迅猛发展，精准医学、生物合成、工业化育种等新模式加快演进推广，生物新经济有望颠覆人类生产生活。面对全球气候变化的挑战，绿色低碳发展成为普遍共识，清洁生产技术应用规模持续增长，新能源逐渐使人类摆脱对传统能源的依赖。数字技术与文化创意、设计服务碰撞，数字创意产业提供质量上乘的产品和服务，是正在兴起的智力密集型产业。这些创新驱动的新兴产业逐渐成为推动全球经济复苏和增长的主要动力。

1.1.2　积极部署新兴产业成为各经济体的共识

新兴产业，顾名思义就是新涌现出的有发展前景的产业。也有人将新兴产业定义为随着新的科研成果和新兴技术的诞生和应用而出现的新的经济部门或行业。通常新兴产业缺乏标准和完善的业务流程，先驱企业通常能够获得先发优势。新兴产业与高新技术产业、传统产业的概念都有所不同。新兴产业大致可以分为三类。第一类是新技术产业化形成的产业。新技术一开始，属于一种知识形态，在发展过程中其成果逐步产业化，最后形成一种产业。第二类是用高新技术改造传统产业，形成新产业。比如，几百年前用蒸汽机技术改造手工纺机形成纺织行业；新技术改造钢铁行业形成了新材料产业；用新技术改造传统的商业形成现在的物流产业。第三类是对人们原来认为是社会公益事业的行业进行产业化运作，比如传媒产业和教育产业。在这些新涌现的产业形态中，有一些对经济发展和人类进步具有重要意义，需要重点发展，这些重点产业是指随着具有"高精尖"特征的新科研成果与新兴技术的发明应用而形成的、引领产业转型发展与结构优化升级的新兴行业。而新动能，主要是指通过结构性改革、创新驱动、转型发展等举措，以及新科技革命培育的新兴产业，来促进经济社会发展的新动力。新兴产业是新旧动能转换的关键与驱动力，对各个国家和地区的经济可持续发展与增长起着重要作用。

新兴产业的出现总是与新兴技术的成长有关。2019 年，企业关注的几大技术趋势为自主设备、AI（Artificial Intelligence）驱动的开发、数字双生、边缘计算、沉浸式体验、区块链、智能空间、数字道德和隐私、量子计算等。所以，围绕以上新兴技术，人工智能、新一代信息技术、生物材料等成为在全球范围内被着力发展的新兴产业。由于各个国家和地区间的优势和发展水平存在差异，各自重点关注的新兴产业有所不同，相应地，为此制定的产业安排和战略也有所不同。

美国的重点新兴产业包括工业互联网计划中的新一代信息产业、美国先进制造业计划中的高端装备制造等。德国的重点新兴产业包括"工业 4.0"战略中通过物联网实现的信息化、数字化、智能化和服务化的制造业。不同国家和地区对重点新兴产业这一概念的表述略有不同。在中国，重点支持的新兴产业被定义为"战略性新兴产业"，突出战略性和新兴性两个特点。广义上，战略性新兴产业指的是对一个经济体有战略性意义的新兴产业。狭义的战略性新兴产业特指由中国政府提出的国家战略性新兴产业规划中的已经明确了的新兴产业，包括新一代信息技术产业、高端装备制造产业、新材料、生物产业、新能源汽车制造、新能源、节能环保产业、数字创意产业及相关服务业等（见图 1-1）。

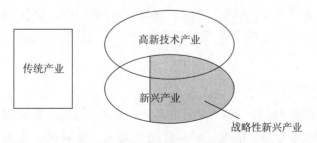

图 1-1　中国战略性新兴产业概念界定

资料来源：笔者整理。

一、中国的新兴产业战略

战略性新兴产业的提法在中国已经出现了较长时间，其具体所指的范围也在发生变化。2009 年底，战略性新兴产业领域确定工作启动，当时初步确定的领域包括"新能源、节能环保、电动汽车、新材料、新医药、生物育种和信息产业"七大产业。2010 年 10 月 10 日，《国务院关于加快培育和发展战略性新兴产业的决定》发布，文件指出"战略性新兴产业是引导未来经济社会发展的重要力量。发展战略性新兴产业已成为世界主要国家抢占新一轮经济和科技发展制高点的重大战略"。文件中明确了战略性新兴产业的重点发展方向：节能环保产业、新一代信息技术产业、生物产业、高端装备制造产业、新能源产业、新材料产业、新能源汽车产业等。2012 年 7 月 9 日，国务院印发《"十二五"国家战略性新兴产业发展规划》（国发〔2012〕28 号），重申了上述重点发展方向和主要任务。2016 年 11 月 29 日，国务院印发《"十三五"国家战略性新兴产业发展规划》，提出到 2020 年战略性新兴产业增加值占国内生产总值比重达到 15%，形成新一代信息技术、高端制造、生物、绿色低碳、数字创意等 5 个产值规模 10 万亿元级的新支柱。2018 年 11 月，国家统计局公布的《战略性新兴产业分类（2018）》中列出的战略性新兴产业覆盖的九大领域，分别是新一代信息技术产业、高端装备制造产业、新材料、生物产业、新能源汽车制造、新能源、节能环保产业、数字创意产业及相关服务业等。战略性新兴产业是以重大技术突破和重大发展需求为基础，对经济社会全局和长远发展具有重大引领带动作用，知识技术密集、物质资源消耗少、成长潜力大、综合效益好的产业。战略性新兴产业代表新一轮科技革命和产业变革的方向，是培育发展新动能、获取未来竞争新优势的关键领域。战略性新兴产业在引领中国经济增长的同时，还引领着供给升级、企业转型。科学选择战略性新兴产业非常重要，如可以突破传感网、物联网关键技术，及早部署后知识产权（Intellectual Property，IP）时代相关技术研发，使信息网络产业成为推动产业升级、迈向信息社会的"发动机"；通过微电子和光电子材料和器件、新型功能材料、高性能结构材料、纳米技术和材料等领域的科技攻关，形成具有世界先进水平的新材料与智能绿色制造体系；通过突破创新药物和基本医疗器械关键核心技术，形成以创新药物研发和先进医疗设备制造为龙头的医药研发产业链条，推动医药产业发展等。战略性新兴产业成为拉动中国经济发展的支柱产业，可以推进产业结构升级和经济发展方式转变，提升中国自主发展能力和国际竞争力，促进经济社会可持续发展。

二、美国的新兴产业战略

2008 年国际金融危机后，重新认识到实体经济的重要性的美国提出"再工业化"战略。美国政府不断提高对新能源、新一代信息技术、新材料、先进制造业等新兴领域的支持力度，希望以此带动美国经济发展。

国家战略层面，制定"国家宽带"计划、"联邦云计算"战略、"星云"计划、"智慧地球"等战略保持美国在信息技术产业的领先实力。在下一代信息技术领域，下一代互联网、云计算、物联网等被确定为重点研究领域。新材料对科技发展和先进制造业水平提升有重要意义，1991 年其被列为影响美国经济繁荣和国家安全的六大关键技术之首。新能源领域也是美国重点发展的新兴产业，该领域的科学技术有望帮助美国实现能源独立。2009 年 2 月，《美国复兴与再投资法案》出台，推出了总额为 7870 亿美元的经济刺激方案，包括 1200 亿美元科研基建、199 亿美元可再生能源及节能项目、190 亿美元医疗信息化投入。其中的科研基建计划囊括了 468 亿美元的新能源和提升能源利用率项目。《奥巴马—拜登新能源计划》明确了 1500 亿美元的替代能源政府资助计划，重点发展混合燃料动力汽车、下一代生物燃料等产业。在医药和生物科学领域，美国政府终止了对胚胎干细胞研究方面使用政府资金的限制。2011 年政府将用于国家健康研究机构的生物医药资助由 10 亿美元提高到 321 亿美元。除此之外，美国政府还增加了对节能环保、新能源汽车、航空航天业等领域的研发投入力度。

在营造有利于新兴产业发展的生态环境方面，美国政府也做了很多工作。2013 年 1 月，《国家制造业创新网络：一个初步设计》方案发布，美国计划在 2020 年之前建立 15 所制造业创新研究院，推动政府部门、产业界、高校、科研机构共同组建制造业创新网络，缩短科研与商业化之间的距离，打造先进制造业产业集群。2016 年 2 月，美国第一份《国家创新网络计划年度报告》介绍了制造业创新中心建设的详细进展，《国家制造业创新网络战略计划》阐述了未来 3 年的战略目标。2015 年 10 月，新版《美国创新战略》提出要借助人才、创新思维和技术工具的合理组合，建设创新型政府，为美国民众提供更好的服务。同时，美国政府还将通过建设一流的现代化科研基础设施，建设高质量的 STEM 教育［科学（Science）、技术（Technology）、工程（Engineering）和数学（Mathematics）四门学科］，加强创新激励、构建鼓励创新的市场环境等良好社会环境来支撑新兴产业的发展。[①]

三、德国的新兴产业战略

"德国制造"有着高品质、高附加值、高技术含量的美誉。在发展新兴产业方面，德国注重科学战略决策，注重发挥战略计划的引导作用。为了发展新兴产业，德国将新能源汽车、高端装备制造、新能源等确立为重点发展领域，制定了多项科技研发和技术创新促进政策。

在战略规划层面，2006 年，德国政府首次正式出台了《德国高技术战略》，确立了广泛明确的有关加强德国创新力量的政策路线，确立了 3 类 17 个高技术创新范围。2010 年 7 月，《德国 2020 高技术战略》发布，指出研究新技术、扩大创新是解决德国正面临

---

① 马静洲，伍新木. 战略性新兴产业政策的国际对比研究：基于中、美、德、日四国的对比［J］. 河南社会科学，2018，26（4）：22 – 28.

的几十年来最严峻的经济与金融政策挑战的重要途径。德国新战略重点关注气候和能源、保健和营养、交通、安全和通信等领域，为了以此开辟新市场，德国还推出11项"未来计划"：碳中和、能源高效且适应气候的城市；能源供给的智能化改造；可再生原料取代石油；个性化医疗提高疗效；2020年100万辆新能源汽车在德国；更有效地保护通信网络；更多地使用低能耗的网络；知识获取数字化、便利化等。同时，德国还加强与其他欧洲国家的合作，积极参与搭建欧洲新兴产业的框架。2014年，德国加入"地平线2020计划"，与其他欧洲国家共同分享科研创新成果。2019年2月，德国政府出台《国家工业战略2030》，指出目前德国处于领先地位的工业领域包括钢铁工业、铜工业、铝工业、化工产业、设备和机械制造、汽车产业、光学产业、医学仪器产业、环保技术产业、国防工业、航天航空工业、增材制造（3D打印），强调了人工智能自动驾驶、平台经济的重要性，未来可能在这些领域发力。

除战略指引外，政府制定了具体的措施支持战略性新兴产业。德国的中小企业局为保护战略性新兴产业的中小企业，出台了《反限制竞争法》《中小企业促进法》《关于提高中小企业效率的行动计划》等法律法规。联邦政府的《中小企业重要创新计划》则保障了科技型中小企业的研发资金需求，资助范围涵盖了纳米技术、信息通信技术、光学技术、资源能效技术、生产技术和公共安全等研究领域。同时，德国以银行信贷为主导的融资模式为新兴中小企业提供适当、稳定的贷款服务。①

四、日本的新兴产业战略

由于资源极度匮乏，日本长期坚持"科技创新立国"的战略。政府的产业政策对日本的经济发展影响深远。发展新兴产业，日本政府的政策重点支持与其传统优势产业关联度较高的行业领域，手段包括增加投资、税收优惠、促进研发创新等。

在国家战略层面，为了摆脱对外部资源的依赖，新能源成为日本的重点发展对象，自20世纪80年代，日本就开始发展风电、太阳能发电、生物能废物发电等新能源产业。2009年，日本政府颁布了《新国家能源战略》，提出了八大能源战略重点：节能领先计划、新一代运输能源计划、新能源创新计划、核能立国计划、综合资源确保战略、亚洲能源环境合作战略、强化能源紧急应对和制定能源技术战略。受福岛核电站事故的影响，日本政府在2014年宣布放弃之前作出的到2030年核能占能源总量50%的规划，转而积极推动可再生能源的发展，计划到2030年实现可再生能源发电量在发电总量中的比例达到30%。在信息技术领域，2009年，日本出台了为期3年的信息技术发展计划，侧重于促进信息技术在医疗、行政等领域的应用。日本还推出了"新增长战略"，重点发展新能源汽车、低碳经济、医疗护理、清洁能源发电等。2010年6月，为了应对

---

① 马静洲，伍新木. 战略性新兴产业政策的国际对比研究：基于中、美、德、日四国的对比［J］. 河南社会科学，2018，26（4）：22－28.

资源短缺、人口老龄化等挑战，《产业结构展望2010方案》提出了日本未来将重点培育的五大重点新兴产业领域：环保和能源产业、尖端技术产业、文化创意产业、基础设施产业，以及包括生物医疗、护理、健康等在内的社会公共产业。将信息化社会、老龄化社会、环保型社会作为服务对象的信息通信、医疗装备、环保装备、保健食品药品等产业具备一定基础和规模，与民众生活息息相关，可以借助民间消费拉动新兴产业发展，使产业发展与社会进步相互促进。

日本政府发展重点新兴产业的具体措施包括财政补贴、税收优惠等。比如，逐年增加对于节能环保产品的研发及应用的财政补贴；加大对于重要节能技术开发、节能设备推广和示范项目的补贴力度；对节能投资企业给予低息优惠贷款；对于具有市场应用前景的燃料电池汽车提供每辆最高85万日元的补贴；设立燃料电池车补助机制；在2014年提出要废止振兴特别法人税，下调法人时效税率；在高端装备投资上，使用简化手续办理相关的缴税事项。最后，将新兴产业发展与社会需求相结合。日本在基础技术研究、应用技术开发和新产品研发等方面有着深厚的积累。[①]

五、主要国家新兴产业战略比较

表1-1概括归纳了主要国家的产业战略。目前各国还在对这些战略进行修订和补充。比如，2018年，日本发布针对重点行业的持续推动战略，发布新版"信息通信白皮书"；发布针对完善产业链的配套战略，"2050新能源与环境技术创新战略"和"日本再兴战略"。2018年，欧盟发布"欧洲5G[②]行动计划"，发展信息供给能力的基础设施，发布一揽子新兴行业前景勘察报告，提供决策支持。[③]

表1-1　　　　　　　　　　　部分国家产业战略

发布时间	战略名称	主要内容
2011年	美国先进制造业伙伴关系计划	联合工业界、高校和联邦政府，增加对新兴技术投资，降低制造商成本、提高品质，加快研发速度，打造高品质制造业
2012年	美国先进制造业国家战略计划	明确指出先进制造对美国的重要意义，分析美国先进制造的现有模式、未来趋势并提出美国先进制造所面临的机遇与挑战和5个战略目标
2013年	德国工业4.0战略实施建议	组建各领域的制造创新研究所，旨在建立起超过15个工业制造研究所，最终建立一个健全的国家创新生态系统，促进基础研究转化
2013年	"新工业法国"战略	该战略是一项10年期的中长期规划，展现了法国在第三次技术革命中实现工业转型的决心和实力。旨在解决能源、数字革命和经济生活三大问题，共包含34项具体计划

① 马静洲，伍新木.战略性新兴产业政策的国际对比研究：基于中、美、德、日四国的对比［J］.河南社会科学，2018，26（4）：22-28.

② 5G：第五代移动通信技术（5thgeneration mobile networks/5th generation wireless systems/5th-Generation），简称5G或5G技术。

③ 工业和信息化部.工业和信息化蓝皮书：新兴产业发展报告（2017—2018）［R］.北京：工业和信息化部，2018，1-258.

续表

发布时间	战略名称	主要内容
2014—2017 年	日本制造业白皮书	分析日本及全球制造业数据，指出重点发展机器人、下一代清洁能源汽车、大数据等技术
2015 年	法国"未来工业"计划	法国将"再工业化"的总体布局调整为"一个核心，九大支点"。一个核心指的是"未来工业"，其主要内容是实现工业生产向数字化、智能化转型，用生产工具转型升级带动商业模式变革
2015 年	英国制造业 2050	分析制造业当前面临的问题和挑战，提出英国制造业发展政策，预测2050 年制造业发展趋势
2016 年	中国《"十三五"国家战略性新兴产业发展规划》	要把战略性新兴产业摆在经济社会发展更加突出的位置，大力构建现代产业新体系，推动经济社会持续健康发展
2019 年	德国国家工业战略 2030	旨在确保德国工业的规模和领先地位。分析了德国工业的现状、挑战，强调了创新的重要性，确立了政策制定和监管的原则

资料来源：《工业和信息化蓝皮书：新兴产业发展报告（2017—2018）》；德国经济与能源部（Bundesministerium Fur Wirtschaft und Energie，BMWi）。①

1.2 新兴产业发展演变规律

1.2.1 科技革命与产业变革关系

技术革命一般诞生于一组相互依赖、高度协调的产业以及基础设施网络中，新兴产业的发展又是由技术革命的爆发催生出来的。技术革命与产业之间的相互催生和迭代形成了一种范式。这个范式中的技术革命和产业革命或者说工业革命相互交织，没有明显的界限。技术革命或者说范式的生命周期大约为 50 年，它在一定程度上服从于任何创新都具有的 S 型曲线。在大爆炸之后的第一阶段，新产业表现为爆炸性增长，产品迅速创新、快速迭代。这样，一个范式的开端便形成了，技术革命继续推进，其范围也不断扩张。第二阶段是一个高速扩散阶段，伴随着投资涌入与市场增长，新产业、新技术体系和新基础设施呈现繁荣景观。第三阶段保持高速增长，新范式在生产结构中充分展开。在第四阶段，繁荣消减。技术革命的潜力在某一点开始遇到限制。尽管仍然有新产品引进，有新产业诞生，但这些创新数量少，创新发生的概率也有所降低（见图 1-2）。范式中作为增长发动机的核心产业，开始遭遇市场饱和、技术创新收益递减的困境。此时这些产业接近成熟，整个技术革命的动力逐渐衰竭。②

回顾前三次技术革命和产业变迁，都符合上述轨道。

第一次技术革命，亦被称为"产业革命""蒸汽技术革命"，发端于 18 世纪 80 年代

---

① 德国经济与能源部，http：//www.bmwi.de/Navigation/DE/Home/home.html。

② 卡萝塔·佩雷丝. 技术革命与金融资本：泡沫与黄金时代的动力学 [M]. 北京：中国人民大学出版社，2007：50-100.

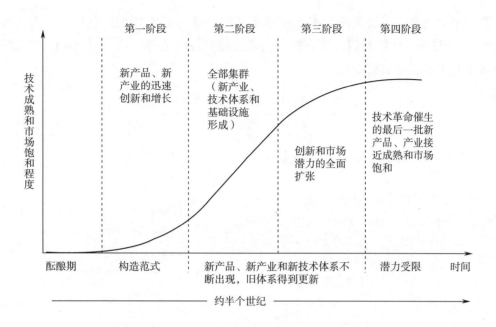

图1-2　一次技术革命的生命周期

资料来源：《技术革命与金融资本：泡沫与黄金时代的动力学》。

的英国，随后在欧洲大陆和美国掀起浪潮。第一次技术革命的特征是蒸汽机作为动力被广泛应用于工业生产中，实现了大机器生产代替手工工场生产。第二次技术革命，或称"电力技术革命"，发生在19世纪中期至20世纪初。在这次技术革命中，电力取代蒸汽动力主导工业生产，人类进入"电气时代"。第三次技术革命开始于20世纪30年代，它是以原子能、航天技术、电子计算机、空间技术和生物工程的发明和应用为主要标志，涉及信息技术、新能源技术、新材料技术、生物技术、空间技术和海洋技术等领域的一场信息控制技术革命。

以第一次技术革命为例，剖析技术革命的生命周期。蒸汽机技术的发明酝酿了一场新动力的技术革命。第一阶段，带有蒸汽机的纺织机、火车、抽水泵等新产品涌现。煤炭和生铁产业因为蒸汽机的出现而成为铁路时代的动力工业，与此同时，蒸汽机在抽水泵的应用和铁路的出现降低了煤炭的生产及运输成本，反过来又促进了英国煤炭产业的发展。这便是第二阶段，蒸汽动力带动铁路以及其上游的煤炭业、冶金业，形成相互促进的体系和全部产业集群。第三阶段，蒸汽动力在各行各业蔓延开来，全面更新了生产效率。第四阶段，所有蒸汽动力的创新至此全部呈现，市场饱和，静静等待下一次技术革命的到来。

第四次技术革命是以人工智能、清洁能源、机器人技术、量子信息技术、虚拟现实以及生物技术为主的全新技术革命，它以制造业数字化、网络化、智能化为核心，实现对信息技术、生物技术、新材料技术和新能源技术的广泛渗透。与前三次技术革命相比，第四次技术革命涉及的范围更广，技术组合众多，行业更多元化，未来释放的潜能会造就一个更复杂的经济系统。本次技术革命的产业包括大数据、云计算、人工智能、物联网、3D 打印、生物材料、区块链、高端智能装备制造等。表 1-2 列示了历次技术革命涉及的产业和基础设施。

表 1-2   历次技术革命涉及的产业和基础设施

技术革命	新技术、新产业或得到更新的产业	新基础设施或得到更新的基础设施
第一次：始于 1771 年的英国，1829 年进入蒸汽和铁路时代，从英国席卷至欧洲大陆和美国	机械化的棉纺织业 熟铁 蒸汽机和机器 铁矿业和煤矿业 铁路建设 铁路车辆生产 用蒸汽动力的工业	运河和水道 收费公路 水利涡轮 铁路 普遍的邮政服务 电报 大型港口、仓库和轮船 城市煤气
第二次：1875 年后进入电力、钢铁、重工业时代，美国和德国超过英国	重化工业和民用工程 电力设备工业 铜和电缆 纸业和包装 廉价钢铁 批量汽车 家用电器 冷冻食品	用于照明和工业的电力网络 世界范围的电报 电话 世界范围的铁路 大型桥梁与隧道 世界航运 石油管道网络
第三次：从 20 世纪 30 年代开始，多领域的信息控制技术革命。从美国扩散到欧洲和亚洲	知识密集型产业 微电子产品 计算机、软件 远程通信 控制设备 计算机辅助的生物技术和新材料	电缆、光纤、无线电和卫星 因特网、电子邮件 多种能源网络 高速物流运输系统
第四次：以人工智能、清洁能源、机器人技术、量子信息技术、虚拟现实以及生物技术为主的全新技术革命。以制造业数字化、网络化、智能化为核心，实现对信息、生物、新材料和新能源领域的广泛渗透	物联网 3D 打印 新能源 新能源汽车 ……	工业互联网 环保系统 ……

资料来源：笔者整理。

1.2.2　新兴产业发展特征

与成熟产业和衰退产业相比，新兴产业有以下六个特点：成长性、创新性、时代性、战略性、先进性、带动性。新兴产业的新体现在：一是没有显性需求。在产业处于萌芽期，或者是在超前的阶段，不能精确描述需求。二是没有定型的设备、技术、产品及服务。一些新技术的概念初步转化成样本产品，这些产品不能大规模生产和推广。三是没有参照。不仅技术和生产手段需要自己探索，而且也没有估值参照，为新兴企业融资带来困难。四是配套产业政策少，目前已有所改善。五是没有成熟的上游产业链。产品的供应和销售都比较困难，企业通常难以维系。

面临第四次技术革命的蓬勃发展，新兴产业出现了一些新的特点：一是产业为资本密集型，需要投入巨额资金。无论是研发、推广还是应用，都需要高额资金支持。比如，5G 产业投资规模预计将达数万亿元。二是具有高风险、高收益的特点，需要配套的创新金融工具。由于这种风险收益特点，传统的信贷等金融业务难以满足其需求，资本、管理、知识之间的风险和收益合理分配也需要通过金融创新来实现。三是具有全球化特征，需要加强国际金融合作。新兴产业日益体现出全产业链、集群化、融合化趋势，其发展仅仅依靠某个国家或某个企业是不够的。只有加大国际金融合作力度，才能有效支持新兴产业发展。

第2章
产业集群是新兴产业发展的必由之路

【摘要】产业集群是聚集在某一特定区域内的一群独立自主而又相互联系的中小企业因为专业化分工和协作建立起来的一种中间性产业组织，该组织介于市场与企业之间，能有效克服市场和内部组织失灵。在这种组织架构下，集群内的企业之间可以依据信任与承诺建立起长期的交易关系，并获得集群外企业没有的竞争优势。相比于传统的产业集群，新兴产业集群的创新驱动力更为强劲，知识溢出效应更大，产业自我升级强化的能力更强。因此，培育新兴产业集群是促进产业转型升级、推动区域经济发展的重要途径。

2.1 产业集群形成理论及模式特征

2.1.1 产业集群形成理论

产业集群是一群独立自主而又相互联系的中小企业因为专业化分工和协作建立起来的一种中间性产业组织，该组织介于市场与企业之间，能有效克服市场和内部组织失灵。在这种组织架构下，集群内的企业之间可以依据信任与承诺建立起长期的交易关系，并获得集群外企业没有的竞争优势。同时，产业集群内部还包含有政府、中介服务机构和各类研究机构等其他部门。目前对产业集群的定义主要有两个角度：一是从集群形成动机和功能的角度出发，认为产业集群是为获取新的互补技术，加快学习过程，降低外部交易成本，克服或构筑市场壁垒，取得合作收益，分散创新风险，由相互依赖性很强的企业、实施生产机构、中介机构和客户通过增值链相互联系形成的网络；二是从地理集聚的角度出发，以价值链为联系内容，认为产业集群是在某一特定领域内相互联系并在地理位置上集中的公司和机构的集合。马建会（2004）认为，产业集群是具有根植性的集群创新网络，在该网络中，各行为主体在交互作用与协同创新过程中，彼此建立起各种相对稳定、可以促进创新的关系[①]。当网络中某一结点出现新技术、新观念后，其会沿着网络连线在整个网络中进行传播和反馈，其中企业和研究机构是创新的直接参与者，政府以及提供中介服务的金融机构等则会通过创建良好的创新环境和提供优质的服务，间接参与创新活动。

学术界关于产业集群形成理论的研究成果较为丰富，主要包括马歇尔的外部经济理

---

① 马建会. 产业集群成长机理研究 [D]. 广州：暨南大学，2004.

论、韦伯的区位理论、佩鲁的增长极理论、斯科特的交易成本理论、克鲁格曼的报酬递增理论以及波特的竞争优势理论。

外部经济理论。马歇尔认为产业集群的形成主要是因为外部经济的驱动。外部经济主要由三部分构成：一是随着市场规模扩大，中间投入品具有一定的规模效应。二是劳动力市场规模效应，劳动力需求者通常会将企业搬迁至能够给它们提供具备专业技能的工人的地方，同时，具备相关专业技能的工人即劳动力供给者也会被大量的劳动需求所吸引而前往。当许多企业集中于一个特定的空间时，就会形成特定专业技能的劳动力市场，既降低了失业率，又减少了劳动力短缺出现的可能性。三是信息交换和技术扩散，通过人与人之间的交流，信息和技术得以扩散，这使聚集企业的生产函数优于单个企业的生产函数。同一产业中企业的聚集，有利于资本、劳动力、能源和其他专业化资源的聚集，从而降低聚集企业的生产成本，提高生产效率。

区位理论。韦伯认为影响工业区位的因素主要有两种，一是影响产业分布的"区域性因素"，区域性因素主要包括运输成本（原材料、动力和燃料成本）和劳动力成本；二是把企业集中于某一特定地理位置而非其他地方的集聚因素。

增长极理论。佩鲁的增长极理论中有两个非常重要的概念，即推动型单位和增长极。推动型单位是起支配作用的经济单位，可以是单个企业也可以是具有共同合同关系的企业集合，当它成长创新时，可以带动其他经济单位的共同成长。增长极是指在特定环境中与周围相联系的推动单位。当主导部门和有创新能力的企业在某一特定区域集聚发展，其形成的以生产、贸易、金融、科技、人才、信息和运输为一体的经济活动中心可以产生较强的辐射作用，能够带动所在地区和周边地区其他企业部门的快速发展。

交易成本理论。斯科特的交易成本理论认为产业集群中中小企业的生存环境由外部交易成本和内部交易成本构成。交易成本是指伴随交易行为发生所产生的信息搜集、条件谈判和交易实施成本；内部交易成本是指将所有加工工序和交换环节内置于企业所产生的成本。产业集群的形成与发展是企业在外部交易成本和内部交易成本之间进行比较权衡的结果。当同一产业或相关产业的企业在某一地理位置集聚时，企业的信息搜寻成本和议价成本会下降，因此企业出于降低外部交易成本的目的会越来越多地选择聚集在同一个地区，从而促成产业集群的形成。

报酬递增理论。克鲁格曼将报酬递增原理引入对产业集群的分析中，认为影响产业集群形成的原因主要有专业化劳动力集中、辅助工业集聚和知识、信息交流频繁三点。克鲁格曼认为，空间产业群聚（企业和产业倾向于在特定区位空间集中）和区域专业化（不同群体和相关活动倾向于分布在不同地区）是区域经济分析中被广泛接受的报酬递增原则的基础。在报酬递增原理的基础上，企业和劳动力为追求更高的要素回报会集聚在某一特定的区域内。同时，克鲁格曼提出了产业集群具有"路径依赖"效应，当某一特殊历史事件导致产业集群建立起来后，这一产业集群就会在外部规模经济的作用下持续下去。

竞争优势理论。波特认为决定一国产业竞争力的关键因素包括四个方面：生产要素、需求条件、相关产业和支持产业的企业产略、结构和竞争对手，除此之外，机遇和政府是能使上述四个关键因素发生不同程度改变的附加要素。当同一产业或相关产业的企业在某一地理位置集聚时，上述四个关键因素才能够形成一个互动体系，相互作用并形成产业竞争优势。首先，集群可以通过吸引专业化人才、降低外部交易成本和获取更多信息来增强企业的生产力；其次，集群内的企业可以通过相互学习来降低创新成本，通过相互竞争来增强创新动力，从而提高企业的持续创新能力；最后，集群可以降低企业的进入和退出风险，促进新企业的成长。

2.1.2 产业集群模式

目前对产业集群模式的划分主要从两个角度出发，一是从产业集群形成方式的角度出发，二是从产业集群内部结构的角度出发。

钱平凡根据产业集群的形成方式，将产业集群划分为诱致培育型、强制培育型和引导培育型。诱致培育型产业集群是一种"自下而上"，由企业自发集聚形成，政府在后期介入并主动承担相应责任的产业集群。强制培育型产业集群是一种"自上而下"，由政府引导，通过强制性的规划而产生的产业集群。引导培育型产业集群是一种"上下结合"的产业集群，政府在产业集群形成雏形时开始介入，并对其进行培育和指导。

仇保兴（1999）主要从中小企业产业集群的内部结构出发，将其划分为"市场型"产业集群、"锥型"产业集群（又称"中心卫星工厂型"产业集群）和"混合网络型"产业集群。"市场型"产业集群内的中小企业之间以平等的市场交易为基础，各生产厂商之间通过水平联系完成产品的生产。"锥型"产业集群是指以大企业为中心，其他中小企业为外围的一种产业集群。"混合网络型"产业集群内的企业之间主要以信息联系为主，通过计算机辅助设计和制造业的柔性生产方式进行生产。[1]

王乙伊（2005）在整理了众多分类方法的基础之上，将产业集群模式划分为零星式产业集群、网络式产业集群、轮轴式产业集群、多核式产业集群以及混合式产业集群。[2]

一、零星式产业集群

零星式产业集群是指众多相对独立的中小企业集聚在某一特定区内形成的产业集群。

零星式产业集群内部的企业生产的产品类似，所以彼此之间存在着激烈的竞争关系。除此之外，集群内的企业还具有规模小、生产工艺流程简单、素质低下，产成品地

---

① 仇保兴. 小企业集群研究 [M]. 上海：复旦大学出版社，1999.
② 王乙伊. 我国产业集群模式及发展战略研究 [D]. 青岛：中国海洋大学，2005.

方特色鲜明、档次较低等特征。这些特征导致零星式产业集群内存在严重的市场失灵和系统失灵，主要表现为"柠檬市场"和过度使用公共资源等问题。

"柠檬市场"主要是指在信息不对称、卖方掌握的信息多于买方的背景下，集群内外的部分企业会利用产业集群的优势生产假冒伪劣产品，出现"劣币驱逐良币"的现象。

同时，零星式产业集群内部还存在过度使用公共资源的问题。由于集群内的企业生产的产品类似，彼此存在激烈的竞争关系，所以各企业基本都是独立作出生产决策，在追求利润最大化的原则下，企业倾向于多生产，从而导致资源被过度开发，利用效率低下，企业产品质量下降等问题。

二、网络式产业集群

网络式产业集群是由在生产流程上相互合作的中小企业在某一特定区域内集聚而成，是零星式产业集群的进一步发展。该集群通过价值链构建了有机型经济体，不同生产环节上的企业相互合作，同一环节上的企业相互竞争，不仅降低了生产、交易成本，还有利于技术创新，促进区域内经济发展。

网络式产业集群有以下五大特征：

第一，集群内企业规模较小，由于大部分小企业的生产与家庭生活连成一体，所以企业生产富有弹性；

第二，中介机构和服务组织在集群内发挥着重要作用；

第三，集群内企业之间分工明确、专业化程度高，产品生产不是由单个企业独立完成，而是由许多企业分工协作共同完成；

第四，集群内的企业具有相似的社会背景和制度背景，彼此之间的相互合作信任有助于减少机会主义的产生；

第五，由于该集群是通过价值链构建的有机型经济体，因此价值链上各个节点与其他机构之间是以合作为主、竞争为辅的关系为连线形成的市场关系网络。

网络式产业集群同样存在一些问题：

一是资产专用性较强。网络式产业集群是建立在价值链的基础之上，所以某些资产如厂址、机器设备等物质资产和人力资本很难再移作他用，固定资产投入风险较大，这会减小企业投资或扩张生产规模的动机。

二是集群具有不稳定性，发展容易受限。该集群内企业之间的信任合作关系多是建立在亲缘、血缘等私人关系的基础之上，这种非扩展信任的网络关系并不稳定，会导致集群故步自封，抑制创新，限制企业进一步扩张和发展。

三是创新动力不足。对网络式产业集群来说，技术和知识很容易通过企业之间的网络关系进行外溢和共享，有助于集群整体技术水平的提高。但在产权制度不健全的背景下，站在创新前沿的企业花费高昂代价进行技术创新的成果很容易被剽窃模仿，这会削弱部分有实力企业的创新动机。

三、轴轮式产业集群

轴轮式产业集群是指以某一大型企业为中心，以众多相关中小企业为外围的统一和谐的产业集群。集群内的大企业与众多中小企业之间进行分工合作，共同生产某种产品，其中大企业主要负责原材料采购、产品设计、生产和销售，中小企业主要负责加工、制造主产品的零部件或者为中心企业提供服务。

轴轮式产业集群的特点主要有：第一，以大型企业为核心，能够带动周围中小企业的发展；第二，整个集群的运作以核心企业的生产流程为主线，掌握着整个系统的运转。这些特点使中小企业可以更符合要求地为核心企业提供良好的配套服务，降低其经营成本和生产的不确定性；同时，核心企业可以为中小企业争取更多有形资源和无形资源的共享，如现代化的基础设施、便利的交通通信设备、配套的生产服务设施和无形的知识、信息、技术等。这些协同效应会使集群内形成更为灵活的生产方式，降低生产经营成本，并使中小企业获得发展，盈利能力得以提高，最终增强集群整体的竞争力。

轴轮式产业集群自身也存在一定的局限性：

一是缺乏应对外界的灵活性。以大企业为核心，中小企业围绕其进行成产加工的合作模式，容易造成中小企业对核心企业的依赖，小企业在技术上围绕核心企业的技术和产品标准，容易陷入过度专业化，灵活性和创新性被削弱。同时，这一合作模式使龙头企业竞争压力不足，缺乏创新动力，一旦面临市场和技术的变革压力时，群内企业很难通过技术转型重新获得竞争优势。

二是中小企业在合作过程中较为被动。轴轮式产业集群内的核心企业由于具有雄厚的实力背景，通常在合作的过程中掌握着主动权，有着较强的议价能力，很容易对中小企业施压。同时，中小企业在围绕核心企业进行生产运作时，很难再进行其他投资，容易陷入过度专业化和单一化。

三是同类零部件供应商之间存在激烈的竞争关系。在同一集群内，生产同类商品的供应商之间的信息壁垒被弱化，产品的功能、设计等方面的信息充分交换，一家企业的改进会带动竞争者的模仿与跟进，产品差异非常小。

四、多核式产业集群

多核式产业集群是从轴轮式产业集群发展而来，在该集群内存在多个核心企业，其余中小企业则围绕这几个核心企业进行生产经营。

多核式产业集群的主要特点有：一是以多个大型企业为核心进行经营，从而形成了多个体系，同一体系内部合作密切，体系之间存在着竞争关系；二是集群内部的竞争关系既包括核心企业之间的竞争，也包括同类产品的配套企业之间的竞争；三是以集群内的市场主体为节点，以竞争合作关系为连线构成关系网络；四是集群内的合作关系一方面表现为各体系为获得较强议价能力而进行的联盟，另一方面表现为核心企业之间为争取政府优惠政策和公共服务而进行的合作；五是集群内各个核心品牌相互支撑，对外表现出强大的优势，但该集群并没有显著的区域品牌优势。

虽然多核式产业集群能够克服轴轮式产业集群的一些缺点，提高应对外界变化的灵活性，核心企业之间的竞争能够促进技术创新，但是该集群也存在以下几个问题：

第一，核心企业过度竞争。核心企业之间的竞争虽然能激发企业的创新动力，但原材料和产品市场的有限性会激化企业之间的利益冲突，从而演变为恶性竞争。

第二，资源配置效率较低。多核式产业集群中的几个核心企业之间相互独立，彼此之间分工合作机会较少，所以会出现从零部件、中间品到产成品的重复生产，导致资源配置效率低下。

第三，政府部门对中小企业关注不够。在该集群中，政府会更多地关注几个核心企业，缺乏对中小企业的重视，从而使中小企业的发展面临不利的状况，尤其是融资方面。

五、混合式产业集群

混合式产业集群主要由多核式集群和网络式集群混合而成，集群内部存在几个核心企业和与之相配套的中小企业，同时也包括在价值链上相连接的小企业。

混合式专业集群的特点主要有：一是多核式产业集群和网络式产业集群并存；二是核心企业在带动与之相配套的中小企业发展的同时，也带动了其他中小企业的发展；三是核心企业和与之配套的中小企业的核心竞争力是品牌，其他中小企业的竞争优势在于低成本；四是集群中企业生存发展的关键是技术创新。

2.1.3 产业集群的特征

成熟的产业集群有六个主要特征：

一是产业集群内的企业主要以中小企业为主，经济活动比较密集；

二是生产方式较为灵活；

三是产业集群具有一定的根植性，即集群内的企业处在相同的社会文化背景和制度环境之中，各行为主体之间的网络关系和经济往来都建立在地方社会结构之上；

四是产业集群具有自我强化的特征，产业集群一旦形成，就会存在外部经济的正反馈机制，不仅会提高集群内部企业的竞争力，促进它们的发展，还会增强对集群外部企业的吸引力，开辟出新的市场；

五是产业集群具有合作网络特征，产业集群内的行为主体之间通过长期的联系构成本地化的合作网络，在该网络中，行为主体之间可以通过商品贸易、交流互动、密切合作、相互学习来降低交易成本，提高生产效率，共同推动地区经济的发展；

六是产业集群具有集群创新的特征，集群的网络特征使产业集群内部具备良好的技术学习与扩散机制，集群中的龙头企业可以就集群外部的新知识和新技术进行外向型学习，集群内部的其他企业则可以通过产业集群的知识转移机制进行学习，从而形成良性知识互动，实现集群的持续成长。

2.2 产业集群的发展演变规律

产业集群的发展具有规律性和生命周期，存在着从萌芽、成长、成熟到衰退的演化过程。

2.2.1 萌芽阶段

产业集群是从产业集聚开始的。某一特定区域内具有一定的区域优势、市场需求和良好的企业生存环境，这一系列因素会吸引部分生产同种产品的企业出于降低成本、提高自身竞争力的目的在该区域内集聚。随后，较强的市场竞争能力和盈利能力会吸引更多的企业集聚于此。在该阶段，企业的集聚只属于地理空间上的集中，企业之间并没有较强的分工协作关系，产业关联上属于离散状态，产业集聚效应还未充分发挥。

2.2.2 成长阶段

随着集聚的企业越来越多，该地区的引力作用也不断增强，同时企业之间的竞争关系也更加激烈，许多企业自身实力受限，难以通过内部扩张实现规模经济和范围经济，因此只能寻求与其他企业进行分工协作，这会导致相关联企业聚集在该区域内，一方面与同类产品制造企业集聚，另一方面与在价值链上相关联的企业集聚。同类产品企业的集聚会扩大集群内部的生产规模，降低内部生产成本，实现规模收益递增效应，有助于单个企业获得外部规模经济。价值链上各环节相关企业的集聚，有利于专业化分工，形成一个地方生产系统，从而实现产品生产的多样化，有助于单个企业获得外部范围经济。同时，在该阶段还会出现诸如中介服务机构等相关支持机构的集聚。

2.2.3 成熟阶段

随着产业链体系的形成，产业集群开始步入成熟阶段，集群内形成了一个相对完整的产业价值体系。集群内聚集了数目较多的相关企业，与产业配套的企业形成了配套的企业群，集群内企业数目基本保持稳定。在产业价值体系中，相关企业的劳动分工更加细化，各企业之间的联系更加密切，企业间既竞争又合作，形成了一个相对稳定、密切的本地网络关系。这种网络关系会增加企业之间的信任，有利于信息的快速传播和有效交流，有助于知识的外溢和技术的扩散，最终提高产业集群的研发和创新能力，增强集群的竞争优势。同时，产业集群内的企业开始实施全球战略，在更多的国家销售产品，并从其他国家获得物美价廉的原材料，集群开始加入全球价值链。

2.2.4 衰退阶段

在衰退阶段，如果集群内的企业能很好地融入全球价值链，并在全球竞争中具有比较显著的优势，或者能够引导集群内企业向高端产业发展，则该产业集群将拥有更多的发展机会，开拓新的市场。如果企业没有很好地融入全球价值链，或者由于地区优势不再、生存环境恶化等原因导致集群内企业发生大规模迁移，则产业集群会步入衰退阶段。

2.3 新兴产业集群发展的特殊要求

2.3.1 新兴产业集群的内涵和特征

参照产业集群的概念以及创新与集群的协同关系，新兴产业集群是指以新兴产业为核心，相关机构为辅助，在某一特定区域内高度集聚，相互之间存在密切的横向和纵向联系，区域综合竞争力不断提升的企业和相关机构所构成的地域产业综合体（李扬和沈志渔，2010）[①]。新兴产业集群是一种涵盖了战略性技术研发、新兴技术产业化、新兴产业网络化整个过程的具有知识传播、动态循环和创新扩散的组织间关系网络。相比于传统的产业集群，新兴产业集群的创新驱动力更为强劲，知识溢出效应更大，产业自我升级强化的能力更强。因此，培育新兴产业集群是促进产业转型升级、推动区域经济发展的重要途径。

新兴产业集群具有以下几大特征：

第一，高度集聚性。新兴产业集群的高度集聚性主要体现在企业、人力资本和资本等生产要素的集聚。这些生产要素的集聚相互影响，不断衍生出相关企业的聚集、科研机构的入驻和投资资本的进入，充分体现了产业集群的集聚优势。

第二，高度技术性。新兴产业是以知识技术密集为特征的，因此集群内部的技术创新能力直接决定着产业集群的发展。相较于传统产业集群，新兴产业集群对高新科技更加依赖，对知识创新和知识溢出效应的要求更高。

第三，高度互动性。网络互动性是产业集群发展的行为表现，集群内部相关企业和机构之间通过分工协作来促进发展，对新兴产业集群来说，其高度的技术性意味着从研发阶段到产品开发阶段，最后步入产业化的一系列过程，专业化特征更为显著。所以，企业与科研机构之间的互动程度较高。

第四，发展传导性。新兴产业集群内的企业在进行知识创新的同时，会产生知识外

---

① 李扬，沈志渔. 战略性新兴产业集群的创新发展规律研究 [J]. 经济与管理研究，2010.

溢效应，不仅会沿着集群内的网络形成技术转移和知识传播，还会通过形成知识向集群外部传播。

2.3.2 新兴产业需要集群与创新协同发展

一、产业创新引发产业集群的形成

创新活动具有产业集聚效应。杰罗姆等（2011）提出，创新集聚能推动包括人才、资本和信息在内的资源流动[①]。国内学者高鸿鹰等（2010）的研究表明，技术创新集聚对产业集聚过程有着重要的推动作用[②]。乔虹（2015）通过定性产业集聚与技术创新的关系，认为技术创新引发产业集聚，而产业集聚对技术创新则具有显著的促进作用[③]。张可和徐朝晖（2019）基于2006—2015年中国31个省级行政区高技术产业的行业面板数据，验证了产业集聚与区域创新存在显著的双向促进作用。区域创新通过产业结构优化效应、增长极效应和知识溢出效应促进了产业集聚[④]。

此外，产业的跨界融合创新也是新兴产业集群形成的一个重要原因。关于产业融合发展的思想最早源于罗森博格（1963）对美国机械设备业演化的研究，他认为产品功能和性质完全无关的产业因采用通用技术而导致的独立化过程称为技术融合[⑤]。欧洲委员会在1997年的绿皮书中指出，融合是指"产业联盟与合并、技术网络平台、市场等三个方面的融合"[⑥]。约菲（1997）将产业融合定义为"采用数字技术后原本各自独立的产品的整合"[⑦]；格林斯坦和卡纳（1997）指出"产业融合作为一种经济现象，是指为了适应产业增长而发生的产业边界的收缩或消失"，并将产业融合区分为替代性融合和互补性融合[⑧]。产业的交叉处是成长最快、创新最多的领域，新的技术发明等外部因素激发融合过程，科技创新和产业化需求使原有的产业边界处融合发展形成新的产业业态，进而形成新兴产业集群，成为经济增长的活力源泉。综上所述，产业创新推动产业发展，产业发展促使产业集聚形成集群，产业集群进一步推动区域经济创新发展。

---

① Jerome S. Engel, Itxaso delpalacio. Lylln Mytelka, Fulvia Farinelli, "Global Clusters of Innovation: The Case of Israel and Silicon Valley" [J]. California Management Review, 2011, 53（2）: 27 – 49.

② 高鸿鹰，武康平. 技术密集与制造业集聚：一个基于中间厂商博弈的分析 [J]. 产业经济研究，2010（3）：10 – 16.

③ 乔虹. 产业集聚与技术创新关系研究 [J]. 现代商贸工业，2015, 36（10）：9 – 10.

④ 张可，徐朝晖. 产业集聚与区域创新的交互影响：基于高技术产业的实证 [J]. 财经科学，2019（1）：75 – 86.

⑤ Rosenberg N. Technological change in the machine tool industry: 1840 – 1910 [J]. The Journal of Economic History, 1963, 23: 414 – 446.

⑥ European Commission. Green paper on the convergence of the telecommunications, media and information technology sectors, and the implications for regulation [R]. 1997.

⑦ Yoffie D B. Introduction: CHESS and competing in the age of digital convergence [A]. In: Yoffie, D B（ed.）. Competing in the age of digital convergence [C]. Boston, 1997: 1 – 35.

⑧ Greenstein S, Khanna T. What does industry convergence mean [A]. In: Yoffie, DB（ed.）. Competing in the age of digital convergence [C]. Boston, 1997: 201 – 226.

二、产业集群驱动创新效率提高及成果转化

产业集聚对产业创新的驱动效应研究主要建立在新经济理论学、经济增长理论和外部性理论的基础之上。学界有两种具有代表性的观点：一是以马歇尔（1890）[①]、阿罗（1962）[②]、罗默（1990）[③] 等为代表的专业化集聚效应（MAR 溢出）。马歇尔（1920）认为，产业集聚具有劳动力蓄水池、加快集聚区内人员、信息交流、技术溢出和技术扩散等方面的效应，而知识快速传播和技术溢出对技术创新活动有着一定的促进作用[④]。克鲁格曼（1979）研究认为，产业集聚会增加产业内技术贸易，贸易因素促进集聚区内的技术创新活动和效率等[⑤]。这种观点认为，在特定区域内，产业的集聚程度和技术创新活动呈正相关关系，集聚程度越高，对技术创新活动越有利。换句话说，同一产业内的各个企业之间的关系是产业集聚对技术创新活动影响的主要来源。二是以雅各布（1969）[⑥] 为代表的多样化外部性集聚效应（Jacobs 溢出）。这种观点认为，技术创新溢出主要源于不同产业的企业，产业集聚环境越是多样化，对技术创新活动越有利。

国内学者在产业集聚对创新的影响方面也有诸多研究成果。赵涛等（2005）通过对产业集群创新系统的创新要素构成和创新系统的发展演变过程的分析，认为产业集聚有利于建立由核心层、服务支撑层和宏观环境层三个层次构成的产业集群创新系统，有效地促进技术创新活动[⑦]。黄坡和陈柳钦（2006）阐述了产业集群与技术创新的协同作用，双方能相互促进，在产业集聚程度提高的同时也能促进技术创新活动的增加[⑧]。张清华、郭淑芬和黄志建（2016）利用区位熵指数测度中国不同地区工业产业的集聚程度，在对东中西部地区工业集聚发展现状进行横向比较的基础上，进一步构建面板门限模型分析了产业集聚对工业行业技术创新效率的影响所具有的区域差异性[⑨]。曾婧婧和刘定杰（2016）基于武汉市生物医药核心企业技术合作数据，以结构嵌入性维度衡量产业集聚程度，发现中介中心度和聚簇度对技术创新产生了巨大促进作用[⑩]。秦松松和董正英（2019）在产业集聚理论框架下，运用 2003—2015 年中国省级面板数据，基于本地溢出

① 阿弗里德·马歇尔. 经济学原理 [M]. 北京：华夏出版社，2017.

② Arrow K J. The Economic Implication of Learning by Doing [J]. Review of Economic Studies, 1962, 29 (3): 155 – 173.

③ Romer P M. Endogenous Technological Change [J]. Journal of Political Economy, 1990, 98 (5): 71 – 102.

④ Alfred Marshall. Industry and Trade: A Study of Industrial Technique and Business Organization [M]. London: MacMillan, 1920.

⑤ Paul Krugman. A Model of Innovation, Technology Transfer, and the World Distribution of Income [J]. Journal of Political Economy, 1979, 87 (2): 253 – 266.

⑥ Jacobs J. The Economy of Cities [M]. New York: Vintage Books USA, 1969.

⑦ 赵涛，牛旭东，艾宏图. 产业集群创新系统的分析与建立 [J]. 中国地质大学学报（社会科学版），2005 (2): 69 – 72.

⑧ 黄坡，陈柳钦. 产业集群与企业技术创新 [J]. 武汉科技大学学报（社会科学版），2006 (6): 26 – 32.

⑨ 张清华，郭淑芬，黄志建. 产业集聚对工业行业技术创新效率的影响测度研究 [J]. 科学管理研究，2016，34 (3): 60 – 63.

⑩ 曾婧婧，刘定杰. 产业集群集聚效应能促进企业创新绩效提升吗：对武汉市生物医药产业集群的实证分析 [J]. 科技进步与对策，2016，33 (18): 65 – 71.

效应和跨区域溢出效应的视角，实证探究了科技服务业的不同集聚模式对区域创新产出的空间溢出效应[①]。综上所述，新兴产业集群模式能够有效发挥人才与技术集聚优势，通过集群内外的协调与合作，产生创新溢出效应，驱动创新效率、生产效率的提升，加快科技成果的产业化。

2.3.3 新兴产业集群发展需要的条件

新兴产业集群进行创新发展的必要条件包括主体企业、相关机构、相关产业集群、市场需求和政府政策支持。其中，主体企业主要指价值链上下游的所有企业；相关机构主要指金融机构、科研机构和其他中介服务机构；相关产业集群主要指与价值链上下游相关的产业集群以及与需求相关的产业集群；市场需求既包括政府采购，也包括市场开放后的需求；由于目前新兴产业并不成熟，所以政府政策支持是新兴产业集群发展的重要条件。此外，以下措施也是必不可少的：

第一，挖掘地区资源优势。新兴产业一般发端于高新技术，高新技术通常具有较小的空间需求和较高的产出效果。因此，必须深挖区域资源优势和市场需求，培育"技术种子"企业，为新兴产业的创新发展打下坚实基础。

第二，形成区域创新网络。根据前文的研究，网络是新知识和新技术在产业集群内进行传播的载体。创新网络是指多个企业为获得和分享创新资源在所达成的共识的基础上相互结成的合作创新体系。在该创新网络各个节点上的主体共同享有原材料、劳动力和资本资源。同时，由于新兴产业具有高技术含量的特征，所以专业化的公共服务平台、咨询机构和风险投融资平台也是关系集群创新能力的重要元素。

第三，促进网络互动合作。新兴产业集群内的网络互动主要有三个方面：一是企业与企业之间，二是企业与科研机构之间，三是企业与金融等中介机构之间。其中，企业与科研机构之间的互动涉及原始技术创新成果的转移，因为新兴产业对技术创新的依赖程度很高，所以这一互动在产业化的过程中非常重要。企业与企业之间的互动主要是指知识和技术创新会通过企业之间的分工协作进行传播和外溢，从而促进整个集群的创新。企业与金融机构之间的互动主要是指当某个核心技术项目在创业投资孵化并获得成功后，往往会带动创业资本进入价值链其他节点，使产业集群的链条节点更加坚固，有利于产业集群的发展和扩张。

第四，推动创新循环发展。如果创新网络中各个主体之间互动良好，产业集群就可以持续进行创新和自我升级，其经济效益和社会效益都会不断扩大。

---

① 秦松松，董正英. 科技服务业集聚对区域创新产出的空间溢出效应研究：基于本地溢出效应和跨区域溢出效应的分析 [J]. 管理现代化，2019，39（2）：40 - 44.

第3章

以金融支持推动新兴产业集群发展

【摘要】 新兴产业代表着新一轮产业革命的方向，是全球经济实现复苏和增长的重要动力，其创新潜力及集群化趋势不断显现。新兴产业集群与金融发展之间是密不可分、相辅相成的关系。一方面，技术进步促进经济增长、推动新兴产业集群的形成与发展，需要金融的大力支持；另一方面，新兴产业的集群模式提出特殊的融资需求，不断推动金融创新，构建能够驱动技术创新、产业整合延伸的金融支持机制，拓展金融发展的新空间。

3.1 新兴产业集群与金融发展相互促进

3.1.1 资本形成与技术进步是经济发展的共同推手

产业集群的发展需要资本形成的过程对其进行助推。随着经济学理论的发展，不同学派基于不同的分析角度，对资本形成提出了不同的解释。在早期西方经济学理论中，资本被认为是生产资料投入的一部分；从近期发展经济学的角度来看，广义的资本可分为物质资本、金融资本和人力资本，狭义的资本专指物质资本，资本形成的重要环节就是储蓄向投资的转化。综合来看，西方经济学的资本形成理论，主要研究资本作为宏观经济模型要素对于经济发展的作用，以及储蓄转换为投资的作用机理。

值得关注的是，20世纪80年代以前，西方经济学理论在经济增长的要素方面较为重视资本积累的作用，而在20世纪80年代之后至今，西方经济学则不断适应世界经济全球化的趋势，逐渐将研究视角转移至科学技术及制度等因素上，越来越强调技术进步的重要性。

一、古典经济学理论

以亚当·斯密和大卫·李嘉图（David Ricardo）为代表的古典经济学认为，投资和资本积累是经济增长的核心要素。亚当·斯密（1776）认为，资本积累对经济增长的促进有三个途径：第一，资本积累使劳动者中生产性劳动者的比例提升，从而提升产量；第二，资本积累会促使产业分工细化，增加产业数量；第三，资本积累促使产业的技术进步，提高生产效率①。大卫·李嘉图（1817）在肯定资本积累对经济增长的促进作用

① 亚当·斯密. 国富论［M］. 北京：商务印书馆，1990.

的同时，提出边际效用递减的存在导致这种促进作用并非无限制的。[①] 古典经济学对经济增长的分析停留在理论层面，没有使用完整的数学模型，但其推理奠定了经济增长理论的基础，成为资本形成理论的开端。

二、新古典经济理论（外生增长理论）

凯恩斯（Keynes）1936 年创立现代宏观经济学，但其理论体系为短期比较静态的分析体系。为此，英国学者哈罗德（Roy Forbes Harrod，1939）[②] 和美国学者多马（Evsey David Domar，1946）[③] 提出动态的哈罗德—多马模型，主要说明稳定的经济增长所应具备的条件，表达式为

$$g_w = \frac{s}{v}$$

其中，g_w 为有保证的增长率（warranted growth rate），s 为储蓄率，v 为资本—产出比率。

若一国劳动力增长率为 g_L，劳动生产率的增长率为 ρ，则一国能实现的最大增长率为其自然增长率 $g_n = g_L + \rho$。共同考虑资本和劳动力的作用，要达到充分就业的均衡增长，实际增长率要等于有保证增长率，等于自然增长率，即 $g = g_w = g_n$，三种增长率只有在偶然的情况下才会相等。根据该模型，在投资效率不变的情况下，储蓄率越高，经济增长就越快，因而强调了储蓄率及资本积累率的重要性。

美国经济学家索洛（Robert Solow）和英国经济学家斯旺（Swan）于 20 世纪 50 年代对哈罗德—多马模型进行修正，形成了索洛模型（或索洛—斯旺模型）[④]。索洛模型假设：（1）储蓄全部转化为投资；（2）投资的边际收益率递减。模型采用资本和劳动可替代的柯布—道格拉斯生产函数，从而解决哈罗德—多马模型中人口增长率与经济增长率不能自发相等的问题。该模型将储蓄率、人口增长率和技术进步率设为外生变量。其基本的增长模型公式是

$$\frac{\Delta Y}{Y} = \alpha \frac{\Delta L}{L} + (1 - \alpha) \frac{\Delta K}{K}$$

其中，Y 为经济总量，K 为资本，L 为劳动。

此公式是由无技术进步条件下的柯布—道格拉斯生产函数 $Y = A L^{\alpha} K^{1-\alpha}$ 推导而来，其中 A 为常数，代表技术水平。索洛模型认为，在不存在技术进步对经济增长影响的假设条件下，物质资本的规模及增长速度是影响现代经济增长的关键因素。

随后，索洛（1956，1957）和斯旺（1956）开始在生产函数中加入技术进步的因素，尝试将产出增长中不能被传统生产要素解释的部分分离出来，新的增长公式变为

---

① 大卫·李嘉图. 政治经济学及赋税原理［M］. 北京：华夏出版社，2005.

② Harrod R. F. An Essay in Dynamic Theory［J］. The Economic Journal，1939，193（49）：14－33.

③ Domar Evsey D. Capital Expansion Rate of Growth and Employment［J］. Econometrica，1946，14（2）：137－147.

④ 罗伯特·M. 索洛. 增长理论：一种解释［M］. 冯健等，译. 北京：中国财政经济出版社，2004.

$$\frac{\Delta Y}{Y} = \frac{\Delta A}{A} + \alpha \frac{\Delta L}{L} + (1 - \alpha) \frac{\Delta K}{K}$$

其中，A 是索洛余值或综合要素生产率，代表了广义的技术进步因素。索洛模型最终认为，人均产量的长期增长率取决于劳动倍增型技术进步的速度，强调了技术进步在经济增长中的重要作用。但在该模型中，最重要的增长源泉 A 是外生变量。据此，采取相同技术的各国，生产率的增速应该在长期内趋于相同。但现实中某些国家的生产率增速趋同是没有发生的。为此，经济学家开始认为技术进步在一定程度上是内生的，新经济增长理论由此产生。

三、新经济增长理论

以罗默、卢卡斯、巴罗、斯克特等为代表的新经济增长理论出现于 20 世纪 80 年代中期。他们在新古典增长模型的基础上讨论了长期的经济增长，提出了"内生经济增长理论"，认为经济增长是由系统内生变量决定的。新经济增长理论产生于信息产业飞速发展的时代背景下，因此其意识到了知识和技术在现代社会经济发展中的地位，强调国家的知识积累、技术进步和人力资本的重要性。简单化的内生增长模型被称为"AK"模型，其最重要的假设为要素报酬不变或递增，即消除了短期内要素报酬递减的假设。模型可表示为

$$Y = AK$$

其中，Y 为产出量，A 为常数，反映生产技术水平，K 为既包括物质资本又包括人力资本等的广义资本。

具体来看，新经济增长理论模型很多，包括阿罗的边干边学（Learning by Doing）模型、罗默的知识溢出模型、卢卡斯的人力资本溢出模型等。

在该理论的不断发展下，罗默（Paul Romer, 1990）[①] 受到熊彼特所提出的创新理论的启发，提出了技术进步的内生增长模型。他将研发（Research and Development, R&D）和不完全竞争纳入模型中，第一次在理论上把经济增长建立在作为内生变量的技术进步上。该理论创新性地认为，技术进步并不像新古典经济理论所描述的那样不可预测、随机发生，而是从事产业开发的人员不断研究创新的结果。同时，该理论认为政府实施的某些经济政策对经济增长有重要的促进作用，仅依靠市场机制不仅存在静态失灵，而且存在动态失灵，即肯定了适当的政府干预对经济增长的作用。

新经济增长理论把新古典增长理论中的外生技术进步内生化，其中一些重要模型已把人力资本置于经济增长研究的核心地位。20 世纪 60 年代，美国经济学家舒尔茨和贝克尔创立人力资本理论，突破了资本的传统内涵，将资本从纯物质资本扩展为物质资本和人力资本，开辟了关于人类生产能力的崭新思路。该理论认为，物质资本是指物质产

---

① Romer P M. Endogenous Technological Change [J]. Journal of Political Economy, 1990, 98.

品上的资本，包括厂房、机器、设备、原材料、土地、货币和其他有价证券等；而人力资本则是体现在人身上的资本，即对生产者进行教育、职业培训等支出以及其在接受教育时的机会成本等的总和，表现为蕴含于人身上的各种生产知识、劳动与管理技能以及健康素质的存量总和[①]。

舒尔茨还进一步研究了人力资本形成的方式方法，对教育投资回报率和教育对经济增长的贡献进行了定量研究。此后，众多学者也从不同的角度对人力资本进行研究，如从迁移、教育等方面研究人力资本投资；从不同国家的实践情况去研究人力资本与经济增长的关系；用教育经历测量人力资本等。人力资本理论的核心观点是：人力资源是一切资源中最主要的资源，人力资本理论是经济学的核心问题之一；人力资本的核心是提高人口质量，教育投资是人力投资的主要部分；人力资本是经济增长的决定因素。

3.1.2 金融支持在产业集群发展中的重要作用

通过以上的理论梳理可以看出，包括物质资本和人力资本在内的产业资本的形成，以及知识技术的进步是促进产业成长的关键。以产业资本的再生产与发展为基础的金融资产，可以通过各种信用手段提供金融支持，促进物质资本和人力资本进一步集聚和发展，并与产业资本相互渗透融合，最终推动产业集群的发展。综合来看，金融对产业集群的支持作用主要体现在以下四个方面。

一、金融支持缓解产业集群发展的外部融资约束

资本形成是产业成长发展最终形成集群的水分和养料，它不仅来源于内部的资本累积，更需要外界的金融资本支持，而联系社会金融资本和产业成长的渠道就是现代金融体系。作为将储蓄转化为投资的重要中介，现代金融体系借助多样化金融工具将社会零散储蓄资金转化为支持产业成长的投资资本，解决产业集群过程中各阶段的资本形成不足问题，降低产业的内部外部融资成本差异，缓解产业发展的融资约束，同时也提升了储蓄和投资的效率。

外部金融支持对产业集群融资的重要性可追溯至企业资本结构理论发展史。代表性的资本结构理论主要包括传统的 MM 定理（莫迪利安尼—米勒定理，Modigliani-Miller Therom）、静态权衡理论（Static Trade-off Model），以及新的资本结构理论代理成本理论（Agency Cost Theory）、优序融资假说（Pecking Order Hypothesis）等。根据美国学者莫迪利安尼（Modigliani）和米勒（Miller）提出的 MM 定理（1958）[②]，公司价值是由全部资产的盈利能力决定的，而与实现公司的负债与权益资本的结构无关。该理论是基于资本市场充分运行、无税收、无交易成本等完美市场的假设提出的，与现实世界的情况相

---

① 西奥多·舒尔茨. 论人力资本投资 [M]. 吴珠华，译. 北京：北京经济学院出版社，1990：3.

② Modigliani F., Miller M. H. The cost of capital, corporation finance and the theory of investment [J]. The American Economic Review, 1958 (48): 261–297.

距较远。随后，修正的 MM 定理（1963）认为，在考虑公司所得税后，公司负债越高，其加权平均成本就越低，公司收益及价值越高。而考斯和利兹伯格（Kraus 和 Litzenberger，1973）、梅耶斯（Myers，1984）[①] 等在此基础上进一步提出静态权衡理论，认为企业选择的资本结构取决于它要达到的目标，其中包括要在负债的收益（税盾价值）和成本（破产成本等）之间进行取舍。随后，在新资本结构理论的研究中，学者们引入了信息不对称和道德风险等概念，开辟了资本结构理论的新方向。詹森（Jensen）和麦克林（Meckling）（1976）[②] 首先将企业理论和产权理论结合，提出代理成本理论，认为企业最优资本结构是使管理者和股东之间（股权代理）、股东和债权人之间（债权代理）的利益冲突与代理成本之和达到最小值的资本结构。梅耶斯（1984）[③] 根据信号传递的原理推出优序融资假说，认为公司倾向于首先采用成本最低的内部融资；如果需要外部融资，公司将先选择债券融资，再选择其他外部股权融资。

根据以上理论的发展过程，企业对内外部融资的抉择要综合考虑两者的成本及收益差异，以达到最低成本的资本结构。而外部金融支持的可得性与发达性，很大程度上影响着外部融资成本的高低，从而决定了企业总体资金成本与资本结构。随着金融体系与企业间的距离日益拉近，金融机构在企业融资中的作用日益增加，这有助于金融机构与企业之间的信息共享，增加企业所需的金融资源供给，缓解产业集群面临的外部融资约束。

二、金融支持促进产业集群所需的技术创新

技术创新是产业成长的源泉，尤其是新兴产业得以立足的根基。根据资本形成理论，技术创新与进步是企业的核心竞争力，可以大幅降低企业的生产成本、提高劳动生产效率、扩大市场占有率，因此也是实现经济增长的核心力量。然而，技术创新转换为生产力的过程具有很大的不确定性，而且该过程必须借助物质及金融资本的支持。发达国家的经验表明，一项科技成果从初期开发到转化为生产力，大致需要经历科技开发、科技成果转化和科技产业化三个阶段，这三个阶段对资金的需求量逐级递增，比例可达1:10:100。因此，完善的市场机制和完整的资金链在这个过程中显得尤为重要。

此外，金融机构在为技术创新提供资金支持的过程中还可起到提供信息、筛选监督的作用。技术创新产生的不确定性以及企业与资金供给者之间存在的信息不对称导致的逆向选择与道德风险问题，是产业发展中资金获取困难的重要原因。企业技术创新信息因具有外部性而存在"搭便车"问题，单个投资者对信息无法完全充分掌握，且无法独

① Myers S C. Capital Structure Puzzle [J]. Social Science Electronic Publishing，1984，39（3）：575-592.

② Jensen M C，Meckling W H. Theory of the Firm：Managerial Behavior，Agency Costs and Ownership Structure [J]. Journal of Financial Economics，1976，3（4）：305-360.

③ Myers S C，Majluf N S. Corporate Financing and Investment Decisions When Firms Have Information that Investors Do Not Have [J]. Journal of Financial Economics，1984，13（2）：187-221.

占信息带来的好处。针对信息缺失的问题，利兰和派尔（Leland 和 Pyle，1977）[1] 提出 LP 模型，描述了金融机构作为社会资金的总体集聚部门，在沟通资金需求方和供给方的资金流动时所独有的信息产业规模经济优势和排他性获利优势。此后，戴蒙德（Diamond，1984）[2] 在 LP 模型的基础上提出"代理监督理论"，考虑了金融体系自身的激励问题与代理成本问题，认为金融机构的代理监督作用仍然具有信息生产的规模经济优势。可见，金融机构在提供金融支持的同时，作为信息中介降低了信息获取及专业化项目筛选监督的成本，不仅利于资金供给方加强对资金去向的监督，而且从信息监督的角度降低了企业融资的成本。

三、金融支持提升产业集群的资本配置效率

资源配置是金融市场中经济活动的一大主要作用，金融市场通过将资源从低效率的部门转移到高效率的部门，从而提升社会经济资源的配置效率和效用，实现稀缺资源的合理配置和有效利用。因此，资金总是流向市场所认为的最具发展潜力、能够带来最大投资收益的部门和企业。在产业发展初期，进入及退出的门槛低，产业内存在较多异质性特征的企业，这些企业互相竞争，具有较高生产力水平及资源配置效率的企业可以较低成本获得较多外部融资，得以成长壮大，而资本配置效率低的企业则被市场"用脚投票"的方式所淘汰。正是这种以资本配置效率为核心的市场选择与淘汰机制，使一个产业中的异质性企业通过不断的集中、退出、转移、发展而实现整个产业的不断成熟。

这种资源配置与转移过程是存在摩擦与成本的，而金融体系的完善与金融支持的发展有利于减少摩擦、降低成本，保障资本配置功能顺利发挥作用。瓦格勒（Jeffery Wurgler，2000）[3] 指出了金融发展提升资本配置效率的三个途径：第一，更发达的金融市场的定价能反映更多的有用信息（或许是因为高流动性和低交易成本促成了更多的选择性套利），这有助于投资者和管理者通过更准确的托宾 Q 值来区分好投资和坏投资。第二，国有经济占比越少，资本配置效率越高。在国有企业中，资源配置可能更多地受到政治动机的引导，而不是价值最大化的引导，拥有广泛国有经济的国家不太会增加对增长产业的投资，也不太会减少对衰退产业的投资。第三，金融发展程度越高，意味着中小投资者的权利越有保障，根据自由现金流理论，这有利于限制对衰落行业的过度投资，进而提高资本配置效率。由此，金融支持的发展可以发挥降低交易和流动成本、优化资本配置期限、促进正确投资决策等功能，进而提升产业集群的资本配置效率。

四、金融支持推动产业集群的整合延伸

产业集群的过程需要大量分散的中小企业通过整合后实现产业化发展，这是一个从

---

① Hayne E. Leland, David H. Pyle. Informational Asymmetries, Financial Structure, and Financial Intermediation [J]. The Journal of Finance, 1977 (32)：371-387.

② Diamond D W. Financial Intermediation and Delegated Monitoring [J]. Review of Economic Studies, 1984, 51 (3)：393-414.

③ Jeffrey Wurgler. Financial markets and the allocation of capital [J]. Journal of Financial Economics, 2000 (58)：187-214.

量变到质变的过程。金融资本在产业集群的过程中可以起到引导和放大的作用，推动产业的整合、并购的顺利进行，最终引导产业的发展方向。通常情况下，产业集群是产业内部的企业所进行的自发聚集，形成专业化分工，以达到降低生产成本、形成规模化生产的效果。金融资本的介入，例如政府的专项引导资金，可以起到明确的产业导向作用，将专项资金投入对集群发展有重要的带头与引领作用、成长前景良好的关键企业和关键项目，可提升产业集群化发展的速度，促进产业的健康快速发展。

企业并购重组是产业集群过程的重要实现方式，通常包括同质性企业的横向并购，以及上下游之间的纵向并购。横向并购可以改变产业内部企业分散、杂乱、规模小的格局，帮助企业获取规模报酬，优化行业的资源配置；而纵向并购能够进一步扩展与厘定产业经营的边界和范畴，降低企业上下游交易成本，提高运行效率。在企业并购重组过程中，投资银行是并购方案制定的重要参与者，并购资金是实现并购过程的保证。投资银行发展至今，形成了两类并购业务：并购策划和财务顾问业务以及产权投资商业务。在第一类业务中，投资银行作为交易中介为并购交易的目标企业提供策划、顾问及相应的融资服务；在第二类业务中，投资银行作为并购交易的主体买下企业，然后以直接整体转让或分拆出卖或包装上市等方式从中获取利润。可以看出，以投资银行服务为主的金融支持在并购重组业务中所发挥的产业整合与引导作用，大大促进了企业的成长、扩张、集聚，促进了产业集群的形成。

3.1.3　产业集群为金融发展拓展新的空间

如何为中小企业提供充足、高效的金融支持，是全球金融面临的共同难题，发展产业集群为解决这一难题提供了有效的路径和模式。相比于单个企业独自寻求金融支持，企业集群具有吸引金融资源的特殊优势，有利于中小企业获得融资，从而为金融的可持续发展拓展了新的空间。

一、降低银企之间的信息不对称，有利于发展供应链金融

根据阿克尔洛夫（Akerlof，1970）的信息不对称理论[①]，交易双方的信息不对称会阻碍交易行为，降低市场效率。在企业融资过程中，银企间的信息不对称可能产生逆向选择和道德风险，因而使一些企业融资成本增高，甚至被排除在信贷市场之外。中小企业由于规模小、制度不规范、具有隐瞒信息的偏好等，融资难问题更加严重。在产业集群的模式下，集群内的企业具有横向竞争关系或纵向合作关系，同时又具有地域相近、社会关系密切等外部条件，因而企业信息在集团内较容易传播，企业隐藏信息能力受到限制，这使企业外部融资的信息透明度增加，企业的贷款使用情况也更易被监督

---

① Akerlof G A. The Market for "Lemons": Quality Uncertainty and the Market Mechanism [J]. The Quarterly Journal of Economics, 1970, 84.

（Porter，1998）①。集群内大量企业、金融机构、科研院所、行业协会等紧密联系，增加了银行获取信息的渠道。此外，相比于银行考察单个企业资信时的种种困难，在产业集群的供应链融资模式下，整个供应链上下游的发展前景及风险状况更易评估及预测，从而降低信息不对称程度，减少银行的信贷风险。

二、建立"信誉链"，提升商业信用，产生融资规模经济

在融资过程中，交易成本通常随着融资规模的增大而下降。产业集群外的单个企业尤其是中小企业，融资规模通常较小，因而融资成本较高，容易产生融资规模不经济的问题。而产业集群克服了单个企业规模小的缺陷，其借助地域依附性和专业化分工协作，在集群内部建立起一个企业间互相依赖的"信誉链"，使集群内的企业比单个企业更具信用优势（谢启标，2006）②。同时，此"信誉链"与"融资链"相互作用，能够增强产业集群内企业的"边际信用度"（张淑焕和陈志莲，2006）③ 以及企业的抗风险能力。由此，随着集群内企业数量增多，市场规模增大，产业集群在进行融资的过程中可以催生规模经济，降低产业整体的融资成本。

三、为信用担保互助、扩大抵押担保范围创造条件

政策性信用担保对产业集群内部企业尤其是中小企业的融资具有重要意义。目前，中国的政策性信用担保机构数量有限，无法完全覆盖中小企业融资，商业性担保机构实力不均、受认可度不足、模式不健全，也制约了中小企业对担保支持的获取。而产业集群供应链的发展，使集群内的企业依靠核心龙头企业获得信用担保成为可能，同时，产业集群能够扩大抵押担保范围，从而弥补中小企业抵押品范围小的缺陷。张曼和屠梅曾（2001）④、王晓杰（2005）⑤、文世尧等（2011）⑥ 等多名国内学者均提出集群企业之间可以通过建立互助担保联盟的方式解决集群内企业的融资问题。具体来说，集群内的企业可以依据互利原则，建立互助担保联盟，共同出资成立互助担保基金，当联盟内企业资信或可供抵押资产不足时为其提供担保。当个别企业无法按时偿还贷款时，联盟利用其共同缴纳的互助担保基金偿还贷款。这种方式发挥了集群优势，在集群内部分散了银行贷款的风险，增加企业获取贷款成功率。

四、增加政府关注度，获得更多政策优惠

单个企业特别是中小企业，由于规模较小、对政府及国家经济的影响有限，政府极

---

① Porter M E. Clusters and the new economics of competition [J]. Harvard business review, 1998, 76：77 – 90.
② 谢启标. 产业集群与中小企业融资研究 [J]. 国家行政学院学报，2006（3）：71 – 73.
③ 张淑焕，陈志莲. 基于集群理论的中小企业"融资链"问题探讨 [J]. 商业经济与管理，2006（5）：66 – 69.
④ 张曼，屠梅曾. 建立和完善中小企业信贷担保体系，打开中小企业融资难问题的死结 [J]. 上海综合经济，2001（6）：35 – 36.
⑤ 王晓杰. 基于互助担保联盟的中小企业集群融资研究 [D]. 武汉：武汉大学，2005.
⑥ 文世尧，李成青，谢洁华. 产业集群小企业互助担保基金模式思考 [J]. 西南金融，2011（9）：43 – 46.

少针对单个企业给予政策上的优惠及扶持。而当多个单个企业形成产业集群后,该产业集群很有可能成为当地的支柱性产业以及政府税收及财政的重要来源,且有能力吸纳大量劳动力,解决社会就业问题,尤其是新兴产业集群,可对国家的产业结构升级及经济发展产生巨大影响。因而,政府积极倡导强化对产业集群的金融信贷政策支持,对集群内企业进行政策倾斜和扶持,例如设置优惠的税收机制及信贷支持条件、设立产业投资风险基金、设置信息咨询及风险监控中介、设置产业研究所等,这些有利政策可以有效助力集群内企业突破融资困境,提高核心竞争力,并最终实现可持续发展。企业的良好发展,夯实了金融发展的实体经济基础。

3.2 新兴产业集群的多样化融资需求

3.2.1 不同发展阶段所需的金融支持

一、基于企业生命周期视角

根据格雷纳(Greiner,1972)的企业生命周期理论,处于不同生命周期的企业在公司治理、经营、财务等方面存在不同特征,企业需要权衡选择不同的发展方法与战略制定不同决策[1],因而企业也会因融资需求的差异而采取多阶段的融资方式。国内外关于企业不同阶段融资需求的研究已经形成多种理论,其中较典型的是伯杰和尤德尔(Berger 和 Udell,1998)[2] 所提出的融资生命周期理论。该理论将企业所处的阶段分为婴儿期、青年期、中年期、老年期,认为信息透明度、企业规模、资金流向等方面的变化导致了企业融资需求的变化,处于婴儿期和青年期的信息较不透明的企业多依赖于初始内部融资、贸易信贷或天使投资,而当企业发展至中年期或老年期时,则可以获得更多外部融资。综合各学者的研究,简化的企业生命周期可分为四个阶段:初创期、成长期、成熟期、衰退期(见图 3-1)。下文对新兴产业集群化过程中企业在初创期、成长期和成熟期的特征及融资需求进行分析。

1. 初创期特征和融资需求

初创期是一个企业不断摸索学习和努力生存的阶段。企业经过种子期形成了可上市销售的创新性产品和技术成果,但产品研发仍然处于并不成熟的阶段,产品质量、工艺、成本等各方面有待优化,产品市场占有率低,且若产品推广未达预期,还存在被抄袭或替代的风险。企业的组织架构及发展战略也不完善,缺乏规范化管理,往往没有明确的规章制度。在盈利水平方面,由于在一定规模的销售发生后才会产生资金回流,因此初创期企业普遍利润不高甚至亏损。

---

① Greiner L E. Evolution and Revolution as Organizations Grow [J]. Harvard Business review, 1998, 76 (3): 55.

② N. Berger A, F. Udell G. The economics of small business finance: The roles of private equity and debt markets in the financial growth cycle [J]. Journal of Banking & Finance, 1998, 22.

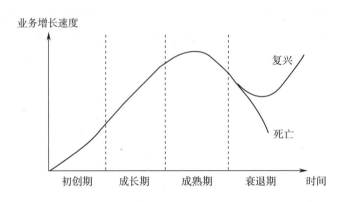

图 3-1　简化的企业生命周期模型

资料来源：笔者整理。

在融资需求方面，由于初始资本投入有限、资本积累能力较弱、缺乏全面的资金周转计划等原因，初创期企业资金需求量非常大。但同时，企业宣传度较低、与外界的联系较少、信息透明度较低、信用风险较大，因而获取外部债权融资的成本很高，导致其融资渠道狭窄，主要依赖内部融资及非公开发行形式的外部股权融资，资金来源包括自有资本、亲友借款、风险资本等。其中，风险资本是最适宜的资金投入方式，风险投资机构的进入不仅可以在资金上对初创期企业进行支持，还能在市场定位、企业管理、战略规划等方面对企业进行指导与扶持。

2. 成长期特征和融资需求

成长期是企业的快速发展阶段。企业顺利度过初创期而进入成长期，表明企业产品在市场上已经获得了一定成功，市场份额不断扩大，企业销售能力增强，发展速度加快，并且内部经营管理不断改进优化。这一阶段企业的主要任务是不断巩固和加强竞争优势，扩大市场占有率。在盈利能力方面，企业因销售产品所产生的现金流量开始增加，收益水平显著提升。在信息传递方面，企业与外部的接触交往更加频繁，信息透明度提高，便于外界及时准确地了解企业经营状况、判断企业风险水平及发展前景。

在融资需求方面，一方面，企业寻求外部债权融资，利用财务杠杆的作用优化资本结构成为可能；另一方面，快速扩大生产规模的目标也使企业不得不寻求多渠道的外部融资。银行等各类金融机构对企业的了解加深，在利益驱动下，会相应降低贷款门槛，使企业债权融资的渠道增加。但由于外部债权融资的边际成本递增，企业在市场上完全依靠负债形式来筹集全部所需资金也不现实。因此，企业的资金不足主要通过留存收益、适度举债、股权融资三种途径权衡解决。企业结合自身的财务状况、风险承受能力、所处行业等，综合考虑融资成本、融资规模与公司发展速度的协调性，多元利用商业信用、长期贷款、私募股份、风险投资基金、共同基金等融资渠道解决资金需求问题。

3. 成熟期特征和融资需求

随着企业技术的不断完善，企业产品的价值被充分挖掘，企业的市场定位及市场占有率逐渐趋于稳定，企业进入成熟期，这是企业的核心业务发展到顶峰的标志。成熟期企业具有较强的盈利能力，财务状况良好，产品质量趋于稳定、社会知名度广泛增加、销售量持续增长，不断为企业创造正的经营性现金流。这一阶段企业的主要目标是实现长期发展，尽量延长企业寿命，并适时寻求新的增长点。

在融资需求方面，此时的企业不需要进行大量的资本投资，但这并不意味着成熟期企业没有融资需求。一方面，员工工资待遇和福利激励是逐年增长的，企业应该保有一定的增长率水平以维持员工待遇、实现对员工的激励；另一方面，企业寻求新的增长与并购机会、优化资本结构以降低综合成本水平的诉求要求企业合理利用内外部融资。因此，企业也需要通过多种渠道获取资金。此时，企业信用风险较低，可以获得较多较优惠的贷款机会，并具备了进入公开市场发行有价证券的盈利能力和信息披露条件。企业综合利用公开市场发行股票、债券、商业票据进行外部融资，同时实施较固定的股利发放政策，剩余的留存收益用于内部融资。这一时期企业需要防止因过度负债而无谓增加财务风险，防止将资金过度投入回报较差的投资项目。

二、基于新兴产业集群发展阶段视角

与集群内部企业的不同生命周期相呼应，新兴产业集群不同发展阶段的特征十分明显，与之相对应的金融支持的定位也有所区别。识别新兴产业集群的阶段性特征，对金融资源的流动和配置十分重要，有利于各方金融支持力量突出问题导向，强化靶向发力，在优化资源配置、壮大新兴产业两个方面实现双赢。

1. 萌芽/形成阶段

由于区位特征与天然资源禀赋的催化，某一特定区域经过当地部分企业的发展，打下了一定的产业基础，形成了具有一定区域优势、市场需求的良好的企业生存环境，生产相似产品的企业开始在地理空间上集聚，但是企业之间分工协作较弱，产业集聚效应还未充分发挥，还未能吸引更多的核心及上下游企业聚拢。在这个阶段，企业在技术成熟度和市场饱和度方面均处于酝酿期，区域经济发展、产业转型升级存在较大的不确定性，金融资源无法大规模聚集。结合政府政策引导和担保机制的托底，甚至是政府对金融机构的激励措施，在做好充分的前期调研和区域规划的前提下，风险投资机构等适合新兴产业集群萌芽/形成阶段的金融资源，将集中于最具有发展潜力的企业，集中于区域未来形成新兴产业集群的最核心要素——技术、人才、基础设施等，并发挥金融资源的效率优势，在公司治理、市场开拓等方面对企业进行指导。

2. 成长/发展阶段

特定区域的新兴产业生态和业态发展到一定程度时，集聚的企业越来越多，不仅同类产品制造企业集聚，产业链上相关联的配套企业和服务机构也开始集聚。一方面，集群内部的生产规模扩大，内部生产成本降低，实现规模经济；另一方面，专业化分工催生集群内部有序的生产系统，实现范围经济。市场不断扩张，企业的研发与技术攻关也在市场的反馈与检验中不断完善和成熟。在成长/发展阶段，新兴产业企业集聚区的基础设施需要升级改造，实现专业化，企业要加大研发投入，适时调整生产策略，进一步拓宽产品市场渠道，甚至会出现一批创业中小企业，因此金融资源的大力支持显得尤为重要。区域内部企业的盈利能力增强，集群效应开始显现，市场局面逐步打开、口碑形成，信息互联互通的壁垒逐渐打破，金融机构面临的风险降低。因此在这个阶段，包括商业银行信贷、股权、债权融资、风险投资、政府基金、保险等在内的金融支持可多管齐下，组合出击，助力打造新兴产业集群可持续发展的生态链。

3. 成熟/优化阶段

经过一段时间的发展，新兴产业在特定区域的小范围内集聚相当数目的相关企业，并与产业链外延的配套企业共同结合成一定规模的企业群，形成相对稳定和完整的产业价值体系。企业之间依靠密切的本地网络相互连通，知识外溢和技术扩散效应不断强化，出现了向外扩张和互动的趋势。由于新兴产业具有高度集聚性、高度技术性、高度互动性和发展传导性，新兴产业的地域封闭终将被打破，实现真正意义上的跨地域互动集群。在新兴产业集群的成熟/优化阶段，打破产业地域封闭、实现知识技术的互动传导与升级、推动集群加入全球价值链，尤其需要金融资源的大力支持。集群的网络特征使企业之间信任增加，信息不对称问题得到较好解决，信息向外部快速传播与交流。因此对于金融机构来说，这一阶段也是投资目标更明晰、风险相对较低、回报性更强的阶段，资金配置与流动同样突破了地域限制，可更好发挥资本市场和货币市场的作用。

3.2.2 不同产业链环节所需的金融支持

新兴产业集群是基于价值链节点的相关市场主体及其服务机构在特定空间集聚的经济形态，本质上是模块化耦合和分工专业化的结果，其形成的条件主要包括集群的主导力量、产业链关键节点、市场需求形成及状况、相关支撑机构、子产业集群等[1]。方亮（2018）认为，新兴产业的发展必须依赖于产业生态系统中各种要素与成员的共同维护[2]。目前，社会化大生产已经脱离传统的垂直化、一体化模式，转变为更加分散化的生产模式。通过水平和垂直方向上各企业和机构之间的关联与影响，新兴产业基于产业链和全球价值链催生创新型微观主体，实现行业的多元化融合发展，形成联系性极强的群体性创新关系，分散产业风险、营造持续创新氛围，进而形成新兴产业集群。

新兴产业集群包含了产业链上下游（纵向）和同一产业链环节（横向）的新兴企业及其配套集合。新兴产业的系统性产业链包括上下游企业、技术关联者、相关支撑机

① 孙国民，陈东. 战略性新兴产业集群：形成机理及发展动向［J］. 中国科技论坛，2018（11）：44-52.
② 方亮. 产业生态系统与战略性新兴产业发展的思考［J］. 金融经济，2018（22）：55-56.

构、资本提供者等（见图 3 - 2）。创新空间的形成需要社会资本、金融资本与人力资本在全产业链上的互动与交融，金融支持不能仅盯住核心科技企业、核心研发环节。新兴产业集群中，"创新"已经不仅仅是代表产品在技术、工艺上的更新，而是在技术、组织、管理、销售、服务等产业链环节中全方位的更新，链条上的每一环都有各自独特的特征，每一环都对创新过程至关重要，因此金融需求不断从传统信贷、单一渠道需求向多元化产品、多渠道融资、现代综合服务需求转变。

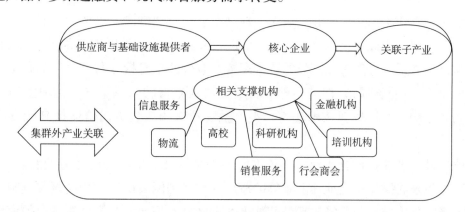

图 3 - 2　新兴产业集群的产业链形态

资料来源：笔者整理。

第一，供应商与基础设施提供者。新兴产业集群处于发展的起步阶段时，还须依靠有基础、有条件的产业根基。原材料、中间品、生产设备与服务供应商和集群基础设施提供者多为中小型制造企业，处于产业链上游、价值链的低端环节，技术含量不高、价值与利润较低、进入门槛偏矮、竞争较为激烈，常遇到资金瓶颈，需要以金融创新为核心的融资服务来实现与核心企业之间的良性衔接与互动。

第二，相关支撑机构。新兴产业集群中的相关支撑机构包括大学、科研院所及企业研究院、行业协会、培训、物流、销售、信息及金融服务机构等，这些机构组成了一个完善的知识服务网络。对于新兴产业集群来说，在全产业链尚不能建构的情形下，研发、制造、品牌等重点环节的嵌入和模块化耦合，以及创新创业活动带来的知识和技术溢出效应尤显重要，是形成新兴产业竞争力的基础，也是后续产业链形成的基础。另外，支撑机构与服务平台在新兴产业集群发展的各个时期都发挥了重要作用，很大程度上影响了创新成果产业化过程中各种风险的高低，包括技术风险、财务风险、市场风险、运营风险、转型升级风险等，需要金融的大力支持以实现对新兴产业集群发展的有力支撑。

第三，关联子产业。核心技术项目投资孵化成功后，往往会带动创新资本进入产业链其他节点或是产业链上下游其他技术创新项目，使产业集群的链条节点不断加固，链条也不断拉长，从而使新兴产业集群横向或纵向扩张。新兴产业集群的关联子产业是指基于价值链分工关系形成的中下游产业，例如生物产业集群中的生物技术制药，新能源产业集群中的新型农业、智能电网、新能源汽车零部件制造，数字创意产业集群中的数字技术展会、影视文化园等产业。关联子产业是培育新兴产业竞争力的关键所在，是创新转化为生产力并实现市场价值的终端环节，尤其需要发挥金融体系的高效资源配置作用，实现前沿科技的产业化，真正引领带动经济的跨越式发展。

第四，集群外产业关联。新兴产业集群不仅是一个内部产业链生态系统，而且是一个与集群之外存在不断交换的开放系统。新兴产业集群要健康、可持续发展，产业要持续创新，单纯地让企业在空间上集中是不够的，除集群内部产业链的协调外，还必须加强与集群外的联系。金融市场高效的资本配置、有效的信息搜寻与整合、遍布全球的金融服务网络集结创新资源，促进本地集群与非本地集群的联系、与发达国家集群的联系，学习先进经验、把握新技术动向，不断激发新兴产业集群向价值链高端发展的新动能。

未来，新兴产业集群有逐渐从实体型向网络型发展、生产型向智力型发展的趋势，意味着集群发展将跳出特定地理上集聚的概念，拓展到网络层面。如高端装备制造业中的舰艇装备、航空航天装备等，其总装处于特定区域，但研发、零部件及有关模块供应呈现异域化、网络化；再如中国浙江省电子商务产业集群，电商并不生产制造产品，而是依托互联网技术，围绕顾客价值重构线性的、顺序分离的产业链，冲破环节壁垒，使各个环节以及各不同主体按照整体价值最优的原则相互衔接、融合以及动态互动，形成了包括供应商、拍摄基地、物流中心等配套设施在内的价值网集群。网络型价值链的范围可以拓展到全国甚至全球，因此需要金融体系更加精准地评估授信、识别需求，并构建宽范围的金融服务网络，提高融资服务的效率。

3.2.3 不同创新模式所需的金融支持

一、新兴产业集群的创新发展模式

创新就是创造新产品，并实现其市场价值（见图3－4）[1]。创新过程、决定区域经济繁荣的主体是企业，包括制度创新、组织创新、金融创新在内的其他创新，都应直接或间接地与企业的创新行为相关。产业集群是特定产业领域内相互联系的企业和关联机构在地理上集聚并共同发展的结果。新兴产业集群的真正价值在于促进企业、区域和国家营造真正的创新环境，增强自主创新能力，打造国家竞争优势。跨国资本在全球化的流动空间里搜索资源，组织经济活动，资本会停留在生产要素发达的区域，并创造新的价值。而将资本吸引、聚集、"黏滞"的力量就蕴藏在拥有强大自主创新能力的集群之中。无论是产业的原始创新、集成创新，还是引进消化吸收再创新，都需要一个创新的集群环境。

---

① 王缉慈. 创新集群三十年探索之旅［M］. 北京：科学出版社，2016.

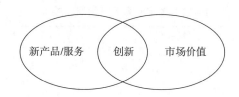

图 3 - 3　创新的概念释义：创新 = 新产品/服务 + 市场价值

资料来源：笔者整理。

首先，从产业角度来看，传统将产业按照技术含量从低到高逐一进行排序的产业发展观，已经不能直接套用于新兴产业的发展。伴随着技术的发展，产业内部环节在不断发生裂变，一般意义上的高技术产业也有相对技术要求不那么高的工艺环节，如芯片产业中的封装环节；而一些传统产业的高端部分，创新要求实际是非常高的，如核电用钢、航空用铝等。因此新兴产业发展的核心在于是否可以不断创新突破，在于是否有一套激发持续创新的集群机制设计，而不仅是聚焦某些具体产业。

其次，从集群角度来看，同一产业的企业在一片区域上同时存在并不构成有意义的产业集群，集群的意义在于产生"1 + 1 > 2"的效果，让企业的聚合产生比企业自身加总更大的价值，尤其是以创新为核心要素的新兴产业集群，其意义应该不仅限于传统的规模效益、节约成本等而更应该着力于促进产业内创新的不断涌现。因此，新兴产业集群的划分必须从创新的角度出发，依靠推进创新方式的不同来理解新兴产业集群的发展。

新兴产业集群的创新发展模式取决于集群创新的确定性高低。集群的创新发展模式主要由两方面决定，一是创新的源头问题，即创新从哪里来；二是创新的扩散问题，即如何让集群内的企业更多地共享创新。首先，创新的确定性高低决定了创新源头的组织方式，低不确定性意味着生产与发展已经有相对明确的路径，企业的风险与收益相对明确，创新源头愿意进行高投入，而高不确定性则意味着产业尚未成熟，尝试者较多，投入相对较低。其次，创新的确定性高低决定了创新扩散的方式，低不确定性意味着企业间愿意保持较为紧密的关系，大家在同一创新路径下携手攻关，共同推进。此时创新的扩散较快，但是创新的扩散范围较小且企业同质化程度较高。而创新高不确定性时，企业间普遍保持较为松散的关系，产业发展路径不够明确，企业更愿意各自尝试，此时创新的扩散速度慢，但是范围更大，也更有利于创新的不断涌现。最后，创新的不确定性高低不等同于创新难度的大小。相对来说，低不确定型创新主要表现为生产工艺上的创新，技术路线和创新成果均相对明确。例如，在集成电路制造中，晶圆尺寸的上升和线宽的下降在相当长时间内是较为明确的技术走向。高不确定型创新主要表现为产品和模式的创新，这类创新会创造全新的产品或者市场，例如共享单车，在其诞生之初，未来发展走向、最终成果和市场影响难以预估（见表 3 - 1）。

表 3－1 创新的不确定性高低与创新发展模式

创新的不确定性	创新源头			创新扩散	
	类型	特征	投入	联系	扩散
低	生产工艺创新	技术路径较明确、企业风险收益稳定	创新源头投入较高	企业联系紧密、同质化程度高	扩散速度快、范围小
高	产品和模式创新	产业尚未成熟	创新源头较分散、投入较低	企业联系松散、相对独立	扩散速度慢、范围大

资料来源：笔者整理。

根据创新不确定性的高低，以及相应情境下创新源头来源和创新扩散方式的不同，结合新兴产业集群创新源头的内外分布，可将新兴产业集群的创新程度划分为四个象限。具体来看，新兴产业集群创新的发展模式可细分为巨头引入型、升级创新型、融合创新型、引进创新型和自主创新型五大类（见图3－4）。

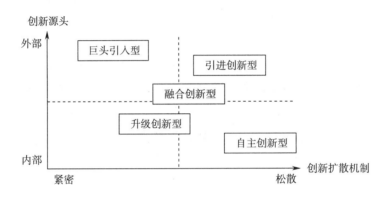

图 3－4 新兴产业集群创新发展模式的四象限模型

资料来源：笔者整理。

二、不同创新发展模式需要的金融支持

经济的创新绩效不只取决于企业个体的创新绩效，还取决于企业间及企业与其他机构之间互动的方式。企业和相关机构基于共同属性和互补属性构成集群，通过纵横交织的产业联系、分工合作获得竞争优势，其中产业联系除了垂直的投入产出之外，还包括水平的服务互补。生产者服务业的发展是产业分工深化的表现，其涵盖的内容非常广泛，生产和开发的每一个环节都伴随着服务的需求，其中金融服务是最重要的内容之一。诺贝尔奖得主希克斯（1984）曾提出，技术创新只有与金融革命相结合才能共同推动产业的发展[①]。一项高新技术、创意想法要投入生产、形成规模、赢得市场、实现价值，需要大量高素质人力资本和高水平的营销体系，这些都依靠大量资金的投入；而且新兴产业大多处于技术不成熟、产业垄断尚未形成、商业模式不确定的阶段，投资风险

---

① 约翰·希克斯. 经济史理论［M］. 北京：商务印书馆，2009.

较大，这就需要发挥金融在资金配置和风险防范等方面的重要作用。金融的有力支持正是培育新兴产业动能、塑造新兴产业集群竞争力、实现集群经济创新绩效的关键要素之一。新兴产业集群作为一种以创新驱动为核心要素的经济发展模式，多样化的创新发展类型催生了多样化的融资需求，从而对金融服务提出了不同的要求。

1. 巨头引入型

产业的创新不确定性较低时，集群内部企业的收益与风险相对确定，创新的路径相对比较明确。相对明确和有效的路径往往是通过历经多年发展、已经具备了较强创新能力和生产能力的巨头核心企业来证明的。在这类新兴产业集群的发展过程中，一种情况是引入核心巨头企业作为创新源头，另一种情况是已有集群中的核心巨头企业转产新兴产业从而带动整个集群的转型。巨头核心企业对集群内的其他中小企业有明显的辐射带动作用，对外技术学习、对内技术溢出，可利用自身在技术创新、资本集聚等方面的优势，快速消化吸收行业内最新技术成果，并在集群内进行资源共享和知识的扩散、转移。这类企业处于产业链的核心位置，上下游企业和相关机构紧密围绕在核心企业周围，很容易形成有竞争力的产业集群。如中国合肥通过引入京东方，建设了中国先进的六代平板显示生产线，逐步形成千亿级别的平板显示集群。

巨头引入型创新集群发展的关键是为从事新兴产业生产的巨头核心企业匹配其所需的要素资源，并给予相当力度的政策支持。以中国为例，自 20 世纪 80 年代初建立经济特区开始，以工业园区为初始形态的现代化产业集群在投资建设的过程中存在多种问题：注重硬件、忽视软件；重视资金规模和密度、忽视投资效果；融资费用高、服务质量低下；知识流动速度慢、创新文化不浓厚等。对于巨头引入型新兴产业集群来说，技术相对成熟，风险相对较低，政策倾斜相对明显，因此金融支持的定位应是提高资金运作的效率和精准度，重视上下游企业和物流、营销等服务平台的搭建，一方面促进核心企业技术创新的进一步深化和传播，另一方面促进实现新兴产业的规模化效应。

2. 升级创新型

除引入成熟核心企业外，创新的源头也可能来自区域内部。创新的不确定性较低时，产业聚集区域可以通过发挥已有的产业基础或要素禀赋的优势，内生创新型企业，并通过小范围传播扩散，形成一个相对紧密的创新企业聚落，企业之间相互信任、学习、复制、合作并推动持续创新，形成新兴产业集群。美国洛杉矶电影产业集群，依托好莱坞强大的电影产业基础，集中垄断全美动漫电影发行的六大电影公司、大学和科研机构、行业协会等；同时，洛杉矶也是数字媒体、计算机特效等与电影业共生的新兴产业集聚区。随着消费需求升级、电影技术不断迭代，起初为电影公司提供影像处理等服务的数字媒体公司在动画设计、电脑游戏、互联网多媒体等方面获得了新的发展空间，在集群中打造出了全球顶尖的影视特效产业，进一步夯实了美国电影帝国的地位。再如中国吉林省通化市的中医药产业集群，依托长白山丰富优质的中草药资源、当地雄厚的医药产业基础，配套中医药产业商务信息、中医药企业品牌孵化、中医药品营销等服务，打造了修正、东宝、紫鑫、金马等一批知名中成药企业，2018年还启动了集创业孵化、医药生产、科技服务、展示交易、电子商务、现代物流和院士工作站等功能于一体的医药健康创业园的建设，通化的中医药产业和产品逐渐向中高端迈进。

升级创新型产业集群发展的关键是从本地优势产业基础出发，明确升级路径，制定发展规划，通过适度有力的宏观引导引领升级创新。随着世界投资自由化和贸易自由化的深入，各国产业越来越深刻地融入全球化的浪潮。在重视本地优势新兴产业对地方的税收、就业、经济增长的贡献的同时，更要支持企业继续通过产品创新、营销创新、组织创新等方式提高其在全球价值链上的地位。对于初步具备专业化特质的地方新兴产业集群来说，政府关注度高、支持力度大，产业升级迫在眉睫，而对本地优势产业的专有资本要素——专业科技、专业教育、专业服务体系的培育尤其重要，因此需要金融体系在绿色通道、定制服务、增信担保、多元化投资等方面下工夫。

3. 融合创新型

新兴产业集群的前两类创新发展模式虽然不确定性较低，但是仍然存在一定的风险，一是产业集群在竞争中的可替代性较高，二是资产专用性相对较高。威廉姆森[①]提出，专用性较高的资产是指用于特定用途后被锁定，很难再用作其他性质的资产，若改作他用则价值会降低，甚至可能毫无价值。资产专用性越强，改变旧资产的转换成本越高，产业的进入壁垒和垄断程度越高；另外，资产专用性较高的产业若发展到相对成熟的阶段，一旦技术路线出现振荡，技术改造、产品升级的成本剧增，企业将面临巨大的资金风险。

国内外实践证明，"集群化"和"融合化"是提高区域经济竞争力的有效途径，有助于形成外部规模经济、降低交易成本、促进经济的创新与扩展，带来区域经济的跨越式发展。集群中存在产学研近距离技术合作和隐含经验类知识的交流网络，不同技术进行交叉、不同产业进行融合、产业链中的企业和相关机构发挥协同作用时，更有可能激发创新，进而诞生新兴产业。伴随着产业的发展成熟以及创新转化能力的不断提升，新兴产业集群开始向"融合创新"进一步转型。创新不再小范围扩散，而是与其他行业领域进行融合创新，从而形成独特而持久的竞争力。法国是欧洲新能源的主要倡导者，法国里昂新能源汽车产业集群，是可再生能源技术与传统汽车产业融合创新形成新兴产业集群的典型案例。再如中国深圳的电子制造产业集群，在国际领先的制造能力基础上，通过与软件控制、生命科学等领域的交叉融合，诞生了大疆、迈瑞等国际一流的无人机和医疗器械公司，融合创新的产业又将推动基础电子制造的高质量发展，由此形成了独特的产业集群发展路径。

---

① 奥利弗·E. 威廉姆森. 资本主义经济制度［M］. 北京：商务印书馆，2002.

国内学者宋佳益（2009）认为，新兴产业融合的主要方式有四种：一是渗透式融合，即高新技术及其相关产业向其他产业渗透、融合并形成新的产业，如生物芯片、"三网融合"（计算机、通信和媒体的融合）。二是改造式融合，即信息技术产业以及农业高新技术、生物和信息技术对传统工业的改造（比如光机电一体化等），电子商务等。三是延伸式融合，即通过产业间的互补和延伸，赋予原有产业新的附加功能和更强的竞争力，形成融合型的产业新体系。四是产业内部的重组式融合，指原本各自独立的产品或服务在同一标准元件束或集合下通过重组完全结为一体的整合过程①。融合创新型产业集群发展的关键是打破创新传播的"小圈子"和单一路径，鼓励开放创新和跨界融合。产业融合产生于研发、采购、生产、分销等多个价值链环节，因此在这种类型的新兴产业集群中，金融服务的重点在于为产业融合创新所需的研究合作、人才交流、共享硬件设备、产业内并购等方面提供资金支持，发挥金融体系的风险分散功能、信息生产与处理功能，寻找集群内部企业的共同特征，整合金融信息、政策措施，有效引导资金流向融合创新型产业集群，激发更多的技术创新活动。

4. 引进创新型

高不确定型创新产业集群的一种类型是，从区域外引入具有一定创新能力的创业者而不是成熟企业，作为创新源头，但是创新内容是非原创的，这类集群被称为"引进创新型"集群。由于发展路径不明确，产业尚未成熟，企业之间普遍保持着既相互竞争又相互融合沟通的关系，一方面有利于实现创新内容的广泛扩散，另一方面又有利于高频试错，创新内容快速迭代，逐渐成熟后发展成为新兴产业集群。例如，21世纪初中国北京的互联网产业，留学归国人员带回雅虎、谷歌等海外互联网企业发展的经验，结合中国互联网市场需求与发展特点，创办了由搜狐、网易、新浪等企业组成的互联网产业集群。

引进创新型新兴产业集群是以人才资源为依托推动形成的产业集群，其发展的关键是引进适合本地发展的创业者并营造良好的创业生态。目前，企业"孵化器"是新兴产业集群尤其是高新技术产业集群的重要组成部分，在帮助和促进中小创业公司成长和发展、加速科技创新与成果转化方面起到了关键作用。创新的不确定性高意味着投资风险高，这类产业集群在发展之初能够吸引到的资金相对较少、融资成本高，因此需要通过开辟绿色信贷通道、多元化融资渠道、金融创新等来培育高质量"孵化器"，满足新兴产业集群内中小创业者的融资需求。

5. 自主创新型

高不确定型创新产业集群的另一种类型是，创新源头出自本区域，结合良好的传播扩散机制，从无到有形成自主创新型新兴产业集群。一个典型案例是美国硅谷，以本地

---

① 宋佳益. 我国实施产业融合的必要性及路径选择［J］. 中国经贸导刊，2009（12）：34－36.

诞生的创新源头为引领实现持续创新，在半导体、个人电脑和互联网等几轮变革中逐渐形成产业集群。再如德国慕尼黑生物产业集群，从汽车、电子、酿酒等传统工业产业集群中诞生并快速发展，一跃成为欧洲"基因谷"。这类集群的产生往往需要集群内部具备较强创新能力，以及良好的外部创新生态，当然也需要长时间的积累与发展。美国哈佛商学院波特教授认为国家竞争优势产业的形成至少需要 10 年的科技积累。因此，产品的有效市场需求需要长期培养，这类新兴产业集群投资高风险、长期性的特点更加突出，受到的融资约束也就更加严重。

发展自主创新型产业集群的关键是关注自主创新企业，增强自主创新能力，营造创新生态。卡琳和迈耶（2003）采用 14 个 OECD（经济合作与发展组织）国家的 27 个产业数据发现了依赖研发的产业受金融发展水平影响较大[①]。如何通过制度安排创新、金融服务创新，为自主创新企业营造良好的创新创业（双创）生态尤为重要。一方面，要解决融资难、融资贵的问题，降低研发、生产成本，减少创新障碍，提升集群内部的分工效率，提高企业产品的竞争力；另一方面，要留住人才，为企业家优化创新创业环境，保持内生创新源头的智力密集优势，实现创新集群的可持续发展。

3.3 金融创新是新兴产业协同发展的关键

新兴产业集群的集聚效应对集群内企业创新绩效具有重要影响。集群模式能够有效发挥人才集聚、技术集聚与信息集聚优势，通过个体与组织之间的协调规律与合作机制，提高生产效率和产业竞争力，驱动创新效率的提升，加速创新成果产业化。新兴产业需要产业集群与技术创新的协同发展，这种协同发展需要一个良好的投融资环境，必须借助于金融支持。随着经济的发展和金融的深化，"技术金融一体化"的趋势逐渐显现，金融支持逐渐渗透技术创新和产业化的全过程，是新兴产业集群发展的坚实基础之一。

金融创新为新兴产业协同发展提供有力支撑。产业的集聚过程实质上是一个人才和资本的集聚过程，技术创新也需要大量的资金投入。金融活动是资金流动与资本良性运转的重要驱动力，能够加快产业集聚进程、提高产业创新效率。完善的、稳健的金融支持不仅能够缓解融资约束，更能够降低集群企业之间的信息不对称风险，增强信息交换的速率，有利于及时发现并防范新兴产业集群发展的风险。新兴产业的协同发展离不开金融体系的媒介与催化作用。

新兴产业集群的不同生命周期、不同产业链环节以及不同创新发展模式衍生出了多样化的融资需求，只有创新性的金融模式才能适应新兴产业开放创新、协同发展的需要。金融观念、机制和产品等创新，能够加快产业资本集聚，激励产业技术创新，更好

---

① Carlin W, Mayer C. Finance, Investment and Growth [J]. Journal of Financial Economics, 1998, 69: 191 – 226.

发挥金融在产业集聚和产业创新中的联结效应，提高金融服务的精准性，更有效地支持新兴产业集群的发展（见图3－5）。

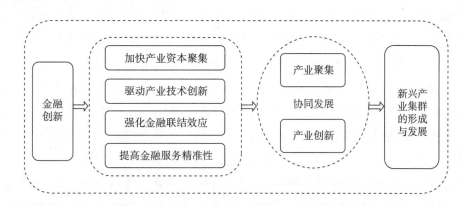

图3－5　金融创新支持新兴产业协同发展

资料来源：笔者整理。

3.3.1　金融创新提高产业资本集聚效率

金融体系通过资金形成转化机制、资金导向机制、信用催化机制、风险分散机制等来为新兴产业集群的发展提供融资支持，各金融机构通过资金流、信息流等方式为产业集群的技术创新网络提供动力来源，并与政府、公共部门、中介平台等相互交融，共同作用于产业集群中，促进协同创新的顺利展开。新兴产业集群作为以创新为核心驱动力的经济发展模式，传统的银行信贷、政策性金融、财政拨款等融资渠道受安全审慎、地方财力、债务风险等因素的影响，在集群发展过程中特别是在成长阶段能够提供的资本集聚效率略显不足。在加强对金融创新监管的同时，商业银行信贷产品创新、授信模式创新、金融机构市场化运作、设立政府引导基金、鼓励直接融资、发展风险投资市场、完善增信担保体系等金融创新手段，能够满足新兴产业集群中实体企业和相关机构专业化、个性化的融资需要，进一步拓宽融资渠道，降低融资成本，增强资金来源的稳定性，优化产业链融资结构，提高产业资本的集聚效率，为新兴产业的健康成长保驾护航。

3.3.2　金融创新驱动技术创新

随着世界经济的动态演化发展，在逆全球化背景下，一方面外需减弱，另一方面受产业结构、要素成本、技术创新能力、资源环境等因素制约，使作为拉动一国经济前行主要力量的实体经济的发展陷入两难困境，需要探寻新的经济增长动力[①]。技术创新和金融创新作为现代经济增长中最关键的要素，在实体经济优化升级和创新驱动转化中发

---

① 李扬. "金融服务实体经济"辨 ［J］. 经济研究, 2017, 52（6）：4－16.

挥了重要作用。富勒姆和怀特等（2004）研究认为，技术创新与金融创新之间的作用是相互的，金融创新对技术创新具有正向的促进作用[①]。赵婧等（2016）通过对中国不同地区的金融支持技术创新的研究发现，技术创新水平的提升需要完备的金融创新体系支持[②]。李苗苗等（2015）的研究发现，中国当前银行主导型的金融结构并不能为技术创新提供良好的支持[③]。拉文等（2015）建立金融创新与技术创新的动态协同模型分析金融创新、技术创新与经济发展之间的关系，认为持续性的金融创新是技术创新和经济发展的必要条件[④]。易信和刘凤良（2015）建立包含金融中介在内的多部门熊彼特内生增长模型，发现金融发展可以通过技术创新的"水平效应"和"结构效应"促进经济增长[⑤]。

技术创新是新兴产业集群发展的最关键、最核心要素。金融创新可以通过促进金融系统内部优化，建立多维度金融支持体系，提升金融服务质量和促进消费模式改变，为新兴企业提供更优质的资金服务和市场环境；金融创新加强集群与外部的联系，引导全国甚至全球范围内的创新资本注入集群，促进产能优化，完善科技成果转化体系建设，提升新兴产业集群甚至整个实体经济的创新能力，推动产品品质和经营模式向高质量发展转化、向全球价值链高端迈进，不断激发经济发展的新动能。

3.3.3 金融创新强化金融与产业创新联结效应

金融在产业集聚和产业创新中的联结效应是指，金融活动通过集群信息网络联结各市场主体，促进人才集聚、信息集聚和资本集聚，强化技术溢出和流转的外部性作用，增强集群内企业合作与竞争，通过资金导向机制促进技术创新，通过激励和资本形成机制促进创新群和创新网络的形成，借助价格信号功能扩大集群的技术贸易，促进科技成果向现实生产力转化，进而不断拓展技术创新的边界，技术创新效率的提高进一步推动产业集群的发展。

一方面，金融效率的提高对于强化这种联结效应至关重要，一个地区的金融效率越高，产业集聚越快，集群的创新效率越高，金融创新能够在融通创新资本、分散投资风险、处理和解决信息等方面提高金融资源的投入—产出效率；另一方面，创投类金融中心、科技银行、担保资金、项目融资机构等金融创新通过投资意愿信号发挥新兴技术筛

① Frame W S, White L J. Empirical Studies of Financial Innovation: Lots of Talk, Little Action? [J]. Journal of Economic Literature, 2004, 42（1）: 116－144.

② 赵婧, 吴珍珠, 谢朝华. 金融支持促进技术创新的区域性差异研究 [J]. 财经理论与实践, 2016, 37（5）: 38－42.

③ 李苗苗, 肖洪钧, 赵爽. 金融发展、技术创新与经济增长的关系研究——基于中国的省市面板数据 [J]. 中国管理科学, 2015, 23（2）: 162－169.

④ Laeven L, Levine R. Michalopoulos S. Financial innovation and endogenous growth [J]. Journal of Financial Intermediation, 2015, 24（1）: 1－24.

⑤ 易信, 刘凤良. 金融发展、技术创新与产业结构转型: 多部门内生增长理论分析框架 [J]. 管理世界, 2015（10）: 24－39, 90.

选作用，在为创业企业提供资金的同时，还提供了管理和孵化等增值服务。金融创新强化了金融体系在产业集聚和产业创新中的联结效应，有力推动了新兴产业集群的发展。

3.3.4 金融创新提高金融服务的精准性

金融创新有利于精准定位新兴产业集群中小企业的融资难题。科技型中小企业是新兴产业集群中重要的创新主体，与众多中小微企业一样，面临着融资规模小、资质担保差、经营与信用记录不完善、信息不对称严重的融资困境。中小企业"融资难、融资贵"问题是阻碍中小企业创新发展的顽疾之一，现有文献在探讨中小企业融资难题的原因和解决途径时，通常认为金融体系的水平、规模、结构的影响至关重要。在中国情景下的研究表明，银行业的结构特征对中小企业融资约束的影响更为重要，中小银行比重的增加能够显著缓解中小企业面临的融资约束[①]；与大型金融机构相比，经营灵活性更高的中小金融机构能够更好地适应和满足中小企业的融资需求[②]。普惠金融作为金融创新的一个重要方向，旨在提高金融服务的可得性，为社会各阶层和群体提供适当、有效的金融服务，特别是那些被传统金融所忽视的弱势群体。普惠金融为破解新兴产业集群中的科技创新型中小企业、产业链上下游中小企业和相关中小型支撑机构的融资难题提供了一条切实可行的解决路径，具有重要的现实意义。

金融创新有利于精准识别与解决新兴产业集群的特殊融资需求。金融的创新就在于打破传统金融服务的诸多限制条件，显著提高金融服务的覆盖率、可获得性和满意度。金融创新要求各金融机构以客户需求为导向，适应市场需求转变经营理念，将创新融入产品开发与服务，在充分利用产品资源与客户资源的基础上，制定多部门联动、契合产业集群发展特征的创新产品方案，为不同价值的产业集群客户提供匹配的金融服务手段。针对不同类型的产业集群金融需求的特点，健全增信担保机制、扩充融资渠道、切实降低融资成本，提高金融服务的精准性和有效性。

金融创新还包括金融监管的创新，有利于精准防范新兴产业集群发展中的金融风险。金融监管创新是完善的金融创新机制的重要组成部分。在鼓励金融机构积极进行金融创新的同时，监管部门将针对新兴产业集群的特征和需求以及金融创新在支持新兴产业集群发展中的定位，创新监管方式、健全监管体系、加强监督职能的落实，在督促金融机构完善内部管理约束机制和信用评价体系的前提下，科学引导金融机构有针对性地调整服务布局、创新金融产品。这有利于强化金融创新过程中风险的防范，从而降低集群企业以及金融机构所面临的金融风险，减少金融风险对技术创新落地、对新兴产业集群发展的阻碍。

---

① 姚耀军，董钢锋. 中小企业融资约束缓解：金融发展水平重要抑或金融结构重要？——来自中小企业板上市公司的经验证据 [J]. 金融研究，2015（4）：148－161.
② 刘畅，刘冲，马光荣. 中小金融机构与中小企业贷款 [J]. 经济研究，2017，52（8）：65－77.

第4章

新兴产业集群及财政金融支持的国际经验

【摘要】各国拥有独特的新兴产业集群发展模式，本章选取美国、欧洲和日本等发达国家和地区具有较强竞争力的几大代表性产业集群，分析其形成与发展的特色、路径。研究表明，这些产业集群具有一些共性：以技术创新为核心驱动力；形成完整的高水平产业链；拥有一批具有世界影响力的国际化大企业集团；政府对产业集群发展高度重视并提供制度政策保障；有强大的金融支持，运用多元化市场和多种金融工具，形成促进产业集群发展的良性金融机制。

4.1 高端装备制造产业集群——以德国为例

近年来，以大数据、云计算、移动互联网为代表的新一代信息技术与高端装备制造产业的融合已成为新技术革命下重要的产业发展方向。德国是全球制造业中最具竞争力的国家之一。与美国、日本等世界上的高端装备制造业强国相比，德国的高端制造业国际市场占有率一直处于较高水平，贸易竞争力稳固上升，相较之下，日本和美国则表现出略有震荡或稳中趋降。[①]

4.1.1 德国高端装备制造产业集群发展优势

一、夯实高端制造业的雄厚基础

德国拥有强大的机械和装备制造业，占据全球信息技术能力的显著地位，在嵌入式系统和自动化工程领域具有很高的技术水平，这些都使德国曾经确立了其在制造工程行业中的领导地位。

普通制造业发展所需的要素，主要是资本和大量的熟练劳动力。高端装备制造业发展需要的则是种类更多的高质量生产要素，包括尖端和定制生产设备、专利、高素质的人力资本、充足的资金、有才能的企业家等。德国作为老牌贸易强国，这些高质量要素较为齐全，在高端装备制造业发展上具有先发优势。

持续的技术创新是德国装备制造业长期保持强盛的根源。德国制造除了要求精益求精外，强大的创新能力也是其成功的核心因素。在德国制造的营业额中，27%以上来自创新产品。德国工业的研发投入绝大多数集中在制造业，尤其是机器制造、汽车、电子

---

① 盛新宇，刘向丽. 美、德、日、中四国高端装备制造业国际竞争力及影响因素比较分析 [J]. 南都学坛，2017，37（3）：99–108.

和化工四大产业。坚持走高科技、高技术道路，通过质量和技术的不断提升，德国制造业占据越来越大的海外市场份额。

二、重视世界级品牌与中小企业协同发展

德国之所以能够雄踞高端，重要原因在于其拥有深厚历史积蕴的世界品牌。耳熟能详的奔驰、宝马、奥迪等品牌车均产自德国，而汽车的高品质源于零部件的稳定性，源于专业的配套技术。高端装备制造业之间存在相互关联性，某个行业的技术突破，会引起另一关联领域的进步。例如，巨型计算机的发展，会导致新材料的研发效率成倍提高，新材料的出现，又会给所有制造业带来革命性的进步。

德国除拥有大众、宝马、戴姆勒、西门子等大名鼎鼎的巨型品牌企业之外，还拥有众多在国际市场领先却名声不显的中小企业，数量占德国企业总数的 90% 以上，它们是推动德国出口贸易乃至整体经济持续发展的主要力量。德国企业特别愿意花更多时间、寻找更多方法，注重创造和塑造自身特色，占领高端专业细分市场。面对巨大的竞争压力，德国企业不打价格战，而是加快产业链重塑，提升产品的革新速度与品质。

三、发挥政府的引导作用

德国政府在德国制造业成功发展壮大的过程中发挥着重要作用。德国政府为制造业的发展与创新制定了很好的法律和制度保障。市场经济的核心是竞争秩序，通过竞争机制保障企业的有效竞争，避免垄断造成企业缺乏创新动力。德国政府鼓励市场作用和市场的充分竞争，反对垄断。同时，德国政府建立了完善的社会保障体系，对企业的研发投入也一直居于高水平，这对德国制造业的推动起到关键的作用。

制造业容易受到经济周期的冲击，与其他发达国家不同的是，在经济形势不好时，德国不把裁员作为首要选择，而是让企业、工会与政府抱团取暖，共同抵御外寒，通过高品牌的供应链重塑取得成功。德国政府强调不能轻易减员，其政策核心是降低企业的运营成本以换取企业不减员，与工会讨价还价使其同意压低薪金，国家通过削减失业补贴以鼓励就业，政府通过"短工计划"保障工作岗位，工人的总工时缩短以减少失业，政府负担工人部分减少的薪金。抱团取暖的措施从短期来看，似乎违反了市场经济规律，但从长期来看，这些措施既降低了德国企业的成本支出，又保住了制造业的工作岗位，根据世界经合组织（OECD）2009 年报告，该项目在经济萧条中保住了约 50 万个工作岗位。

德国政府非常注重一线技术人才的培养，源源不断地为其制造业输送高素质技术工人。一方面，通过大规模、系统化的职业教育，德国培养出庞大的产业工人队伍；另一方面，在高福利的社会保障体系下，技术工人可以享受最好的福利资源，成为社会中产阶级的中坚力量，为德国的制造业提供长久的发展动力。在德国，80% 的人通过职业教育走向工作岗位。

4.1.2 德国高端装备制造产业集群的财政金融支持

一、财政大力支持国家工业战略

德国在 2011 年举行的"汉诺威工业博览会"上提出了"工业 4.0"的大体概念。与美国流行的"第三次技术革命"的说法不同，德国将 18 世纪引入机械制造设备定义为"工业 1.0"，将 20 世纪初的电气化定义为"工业 2.0"，将始于 20 世纪 70 年代的信息化定义为"工业 3.0"，而将物联网和制造业服务化定义为"工业 4.0"，由此正式宣告"第四次技术革命"的到来。在德国政府此后推出的《德国 2020 高技术战略》中，"工业 4.0"作为十大未来项目之一，由联邦政府每年投入 2 亿欧元，其目的在于奠定德国在关键技术上的国际领先地位，夯实德国作为技术经济强国的核心竞争力。

德国正式提出"工业 4.0"战略之后，财政政策与产业政策相互配合，智能制造装备产业快速发展。"工业 4.0"带动了新一代信息技术在智能装备制造产业中的融合、强化了工业控制系统的信息安全，通过服务化、标准化巩固了德国制造业优势。

二、政策性银行重点培育

1. ERP 创业贷款

德国复兴信贷银行（Kreditanstalt für Wiederaufbau，KfW）是德国最大的政策性银行，主要支持领域为产业开发、教育和科研机构振兴、发展国家重点新兴产业、参与欧洲和德国金融项目以及为欧洲和德国经济提供必要的资金支持。目前负责中小企业业务的是德国复兴信贷银行的子公司——KfW 中小企业银行，该机构负责为初创中小企业提供资金支持和金融服务。欧洲复兴计划（European Recovery Program，ERP）创业贷款是德国复兴信贷银行为鼓励创业、扶持经营时间不到三年的德国中小企业（年营业额低于 1000 万欧元）的发展而提供的总额不超过 100 万欧元的中长期低利率贷款。其本质是德国复兴信贷银行为中小企业提供的贷款担保计划。在提供贷款时，遵循主办银行制度，企业通过自己选定的商业银行向德国复兴信贷银行提出申请，德国复兴信贷银行提供的资金经由该商业银行转贷给创业企业。对于贷款抵押物的具体要求由贷款人和其选定的商业银行自行协商。在风险分担上，商业银行承担 20% 的贷款风险，德国复兴信贷银行承担剩余 80% 的风险。该计划也得到了欧洲投资基金（European Investment Fund，EIF）的资金保证支持。ERP 创新计划有两个分支，主要为企业的长期融资需要服务。ERP 创新计划Ⅰ用于支持企业进行市场调研、新产品和服务的研发等，为经营时间超过两年的中小企业提供总额不超过 500 万欧元的贷款。ERP 创新计划Ⅱ则主要用于支持新产品推广，为经营时间超过两年的企业提供不超过 100 万欧元（在德国东部可以提高至 250 万欧元）的优惠贷款。德国复兴信贷银行提供的融资方案由债务资本和次级债务两部分组成，其中债务资本份额占总融资额的 50% ~ 60%，且债务资本份额需要提供相应的担保。

2. 风险投资：ERP 初创企业基金和高科技种子基金

除为新兴产业提供优惠贷款外，德国复兴信贷银行还通过与风险投资资本合作，支持中小企业股权融资。如在 ERP 初创企业基金和高科技种子基金两项计划下，德国国内中心企业在 2012 年就获得了德国复兴信贷银行 7400 万欧元的资金支持[①]。ERP 初创企业基金由德国复兴信贷银行负责管理，通过与风险投资资本联合为高科技初创企业投资的模式，来支持中小企业发展。在这种联合投资模式下，德国复兴信贷银行与至少一位私人投资者共同分担投资风险，德国复兴信贷银行提供的份额不超过50%。每个企业每年所获最高投资额为 250 万欧元，累计所获总投资额不超过 500 万欧元。2012 年德国复兴信贷银行共计为初创企业提供了 5800 万欧元的资金支持。

高科技种子基金 2005—2014 年末已累计为 240 家中小企业融资。该基金通过公私合作方式为经营不超过一年的高科技初创企业融资，德国政府出资 46000 万欧元，德国复兴信贷银行出资 5500 万欧元，社会资本出资 5850 万欧元组成资金池。对申请基金的高科技初创企业的选择过程遵循风险投资的标准程序。

4.2 人工智能产业集群——以美国为例

在全球范围内，美国在人工智能产业领域具有明显的领先优势，显示出一贯的创新和应用能力。如谷歌的阿尔法狗（Alpha Go）、麻省理工学院的四足机器人、特斯拉的无人驾驶等为人熟知的人工智能产品均出自美国。美国硅谷更是当今人工智能发展的重点区域，聚集了从人工智能芯片到下游应用产品的全产业链企业。

4.2.1 美国人工智能产业集群发展优势

一、软硬件系统协同发展打造智能系统

在技术研发上，美国推动软硬件系统协同演进，全面开发人机协作智能系统。在软件方面，提升人工智能系统的数据挖掘能力、感知能力并探索其局限性，同时推动系统革新，包括可扩展、类人的、通用的人工智能系统的研发。在硬件方面，优化针对人工智能算法和软件系统的硬件处理能力，并改进硬件体系架构，同时，推动开发更强大和更可靠的智能机器人。

二、政府高度重视人工智能产业发展战略

美国之所以能够领跑人工智能发展潮流，重要原因是美国政府在战略布局上高度重视人工智能产业。从政府到企业、科研机构，对人工智能的重视程度也不断加强，相关的创新产品迭代迅速。

[①] OECD. Financing SMEs and Entrepreneurs 2014：An OECD Scoreboard [M]. Paris：OECD Publishing，2014.

在战略布局上，美国政府对人工智能产业表现出极高的重视，成立了一系列国家专家委员会机构。2015 年以来，美国白宫科技政策办公室连续发布了《为人工智能的未来做好准备》《国家人工智能研究和发展战略计划》和《人工智能、自动化与经济报告》3 份重量级报告。2016 年 5 月，美国白宫推动成立了机器学习与人工智能分委会（Machine Learning and Artificial Intelligence，MLAI），专门负责跨部门协调人工智能的研究与发展工作，并就人工智能相关问题提出技术和政策建议，同时监督各行业、研究机构以及政府的人工智能技术研发。2019 年 2 月，美国总统特朗普签署了一项行政令，要求联邦政府机构将研发人工智能、加大联邦数据接入程度、培训民众适应人工智能时代等设为"优先级事项"。行政令的基本框架从研发、人工智能基础设施及管理、劳动力、国际参与等方面入手，推进人工智能产业发展。从整个内容看，美国正式将人工智能上升到国家级高度（即国家未来竞争核心领域），并强调联邦政府会在未来人工智能的发展中始终处于主导地位。

三、以巨头企业为核心形成集群效应

巨头企业形成集团式发展，共建人工智能生态圈。以谷歌、微软、亚马逊、脸书（Facebook）、IBM 五大巨头为代表，自发形成人工智能伙伴关系，通过合作的方式推进人工智能的研究和推广。这种新型的巨头集团式发展模式，成为人工智能时代的亮点，能保证技术方案的效益最大化。在未来，还会有更多企业和机构加入其中。用户组织、非营利组织、伦理学家和其他利益相关者也都会加入生态圈的建设。

巨头企业的集群促使周边形成了发达的商业基础设施，为创业企业提供全面服务。律师事务所、会计师事务所、导师网络等，不仅为企业家和创业公司提供直接的融资或法律、会计等服务，还通过初创公司的股权激励等起到市场筛选的作用。由于它们与大量成功的公司打交道，还可以作为商业顾问和交易撮合者，为初创公司提供创业实践专家指导、孵化器等服务。

4.2.2 美国人工智能产业集群发展的财政金融支持

一、引导资本市场资金进入人工智能产业

美国对人工智能产业集群的金融支持主要体现在，引导全球资金大规模投资人工智能产业。根据 Wind 数据，1947—2017 年在美国各行业的固定资产投资中，信息业的投资额增长迅速仅随制造业之后（见图 4 - 1）。在人工智能融资规模上，美国在全球占主导地位，比重在 60% 以上。美国更加关注长期投资具有潜在能力的高风险高回报项目，以此补充社会和企业短期内不愿涉足的领域。资本与政策共同发力，挖掘最具潜力的创业企业。

在产业集群的发展过程中，美国以资本市场为中心，辅以灵活的银行信贷体系，形成政府组织和非政府组织相结合的金融支持体系，为新兴产业的发展提供了诸多支

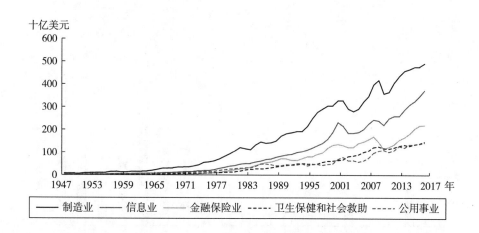

图 4 - 1   1947—2017 年美国固定资产投资额排名前五的行业

数据来源：Wind。

持。美国资本市场高度发达，资金配置主要在证券市场实现，完备的资本市场层次能够满足企业多样的融资需求。场内股票市场由纽约证券交易所（New York Stock Exchange，NYSE）和美国证券交易所（American Stock Exchange，AMEX）构成，截至2019 年 10 月，在纽交所和美交所上市的公司数量为 2255 家。纳斯达克证券交易所（National Association of Securities Dealers Automated Quotations，NASDAQ）为新兴产业企业提供了融资平台，截至 2019 年 10 月，在纳斯达克上市的公司有 2791 家。美国场外交易市场（Over the Counter，OTC）包括 OTC 第三市场、OTC 第四市场和美国场外柜台交易系统（Over the Counter Bulletin Board，OTCBB）。第三、第四市场为新兴产业和中小企业融资、风险投资退出提供了一个高效的非主板途径，目前已经发展成为全球最活跃的场外交易市场，具有监管体系完善和产品多元化的特点。美国场外柜台交易系统具有典型的三板市场特点，上市程序简单、费用低，对企业规模和盈利水平基本没有要求，适合小型初创企业融资。同时，市场上的投资者以风险偏好低的个人投资者和小型基金为主，风险和收益在投资者和融资企业之间都实现了较好的匹配。美国在三板市场上挂牌上市的公司超过一万家。从风险层次结构来看，美国股票市场呈标准的"正三角"结构，底层的三板市场挂牌公司数量超过全部上市公司总数的66%。此外，美国资本市场的转板机制也十分值得借鉴，上市公司不仅可以从 OTC 市场升板到 OTCBB 市场，也可以从 OTCBB 市场借壳升级到 NASDAQ 市场甚至 AMEX 市场和 NYSE 市场。在 NASDAQ 市场内部也可以进行板间转换。但当公司低于监管部门的标准，在警告一段时间后仍不能恢复时，则会被降到更低层次的市场板块。在美股市场中，信息技术行业是重要的行业板块，来自资本市场的资金极大促进了人工智能产业的发展（见图 4 - 2 至图 4 - 4）。

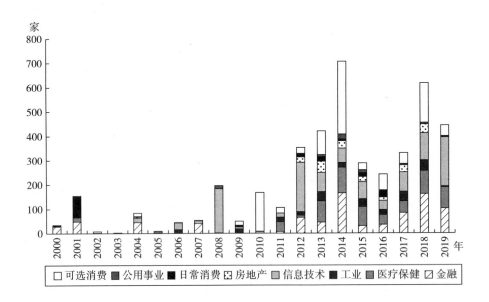

图 4 - 2　2000—2019 年美股市场当年 IPO（首次公开幕股）企业行业分布

数据来源：Wind。

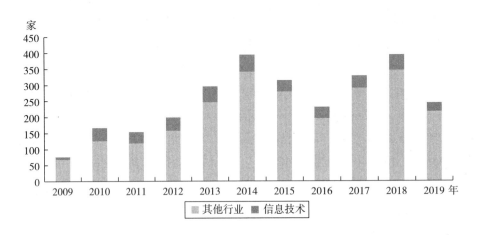

图 4 - 3　2009—2019 年信息技术行业 IPO 企业数量在全行业中水平

数据来源：Wind。

二、利用风险投资促进技术产业化进程

1. 风险投资始于美国

利用风险投资发展重点新兴产业也是美国进行金融支持的重要经验。风险投资产生于美国，在将科技资源转化为生产力方面创造了巨大的宏观经济价值。一是风险投资为技术创新提供资金，分担了高科技企业的风险，加速了高科技的产业化进程。由于风险收益的聚集性，一旦某高科技企业创业成功，风险投资会大量涌入该企业所在行业，极大地缩短了该技术或创新的产业化进程。二是风险投资促进了产业集群的形成。随着高新技术产业在发展过程中对生产要素专业化要求的提高，其在产业内形成新的产业链，

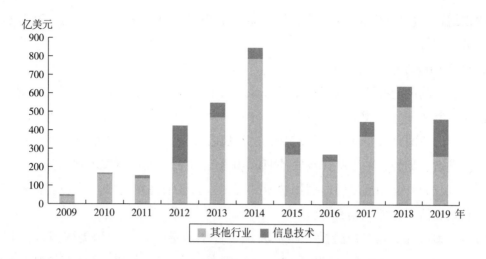

图 4 - 4 2009—2019 年信息技术行业 IPO 总金额在全行业中水平

数据来源：Wind。

当技术以网络形式扩散后，先进技术在产业间不断传播，也有利于传统产业的改造升级。在自由竞争、运行高效的资本市场环境下，风险投资的投资人可以通过 IPO 上市、兼并收购、创办人赎回和破产清算等多种方式收回投资。美国的实践经验证明，风险投资要与科技成果的产业化紧密相连，只有金融真正服务于实体经济，才能促进产业结构优化升级。

以美国硅谷为例，作为全球最主要的科技创新中心之一，在全球主要创新创业生态系统排名中，硅谷凭借其在创新创业绩效、融资、市场覆盖率、人才、创业经验、资源吸引力等主要维度的卓越表现，连续多年位列第一。硅谷也成为全球最发达的科技金融中心之一，尤其是发达的风险投资中心。硅谷的成功离不开其先进成熟的科技金融生态圈。

硅谷金融体系的核心是风险投资。硅谷拥有世界上最大的、高度成熟和极具竞争力的风险资本市场。2017 年硅谷（包括旧金山）的风险投资占加利福尼亚州风险投资总额的 78.3%，占美国风险投资总额的 38.9%。发达的风险投资市场为科创企业尤其是早期初创企业提供融资支持，风险投资主要投向高科技企业，有效解决了高科技企业融资难问题。

在硅谷，不仅有大量的可用资金支持创业公司，风险资本家还为初创公司提供人际网络、介绍潜在客户、参与公司治理等增值服务。硅谷地区风险投资的效率较高，具备良好的退出回流机制，当企业发展到成熟期后，风险投资就会通过企业上市或并购成功退出，重新投资新的项目，持续为企业提供融资支持与增值服务，帮助其他初创企业成长。此外，硅谷银行模式不同于传统商业银行，其专注于服务高科技中小企业，并与风险投资紧密合作，旨在为科技型企业提供生命周期各阶段创新的金融产品和服务。结合科技型中小企业的特点，硅谷银行开发了相应的金融产品和服务。例如，股权投资与信用贷款相结合的投贷联动模式、认股期权贷款的模式、供应链融资、中长期创业贷款、全球财务管理等。

2. 政策引导促进风投发展

硅谷发达的风险投资市场还得益于联邦政府的两大重要政策变革——大幅削减资本利得税和放宽养老金投资标准。在 1978 年的税收法案中，资本利得税由 49.5% 降至 28%。同年，美国允许企业使用养老基金进行风险投资，使养老基金迅速成为风险投资的主要投资方。另外，由于联邦政府的 H1-B 签证计划，大量高技术移民涌入硅谷，这一非移民签证允许美国雇主暂时雇用技术熟练工人。政府注重对知识产权和商业秘密的保护，有效支持了开放式创新。

2009—2014 年，美国风险投资逐步回温，普华永道（PwC）和美国风险投资协会（National Venture Capital Association，NVCA）发布的报告显示，2013 年美国风险投资完成 3995 笔交易，投资总额为 294 亿美元，2014 年完成 4356 笔交易，投资总额为 483 亿美元，达到 2000 年互联网泡沫爆发以来的最高值[①]。近两年对互联网和软件行业相关企业的投资最为活跃。从 2009 年开始，美国风险投资基金的投资额和投资数量稳步增长。2014 年处于扩张阶段的企业获得的融资额最多，风险投资额达 40 亿美元，初创企业完成的交易数量最多。风险投资回归繁荣的趋势和美国"再工业化"战略基本同步发展，风险投资对科技研发的鼓励作用加速了美国互联网技术、纳米技术、空间技术和电动汽车等高新技术的研发和产业化，从而推进了产业结构转型升级。

三、并购收购促进产业集群形成

新兴产业集群需要龙头和核心企业来支撑，美国发达的资本市场为企业并购提供了便捷的渠道。科技巨头们通过一系列并购来发展壮大实力。例如，近 5 年来，谷歌（Google）成为人工智能领域最活跃的收购者，相继收购了 DNNresearch[②]、DeepMind[③] 和 Nest[④] 等企业。在这样的并购活动中，领先企业与初创公司形成了良性的共生互动：大型企业主要作为传统消费者和通过并购活动，为初创企业提供产品市场、人力资源和专业技术知识，帮助初创公司的创业设想在市场上取得成功；同时并购使大型企业获得特定的服务或技术，并使资本、人力资源和知识回到生态系统中，有益于未来的初创公司和投资者。此外，一些初创公司发展壮大后，部分员工重新开始创业，形成了良性循环，这得益于硅谷的"开放式创新"模式。该模式基于内部研发，CEO 薪酬与公司在股票市场上的股价不挂钩，机构投资者在公司治理中没有重大发言权，公司倾向于垂直

---

① PwC，NVCA. National Venture Capital Association［R］. Money TreeTM Report，2015.
② DNNresearch，多伦多大学一家神经网络方面的初创公司。
③ DeepMind，位于英国伦敦，由人工智能程序师兼神经科学家戴密斯·哈萨比斯（Demis Hassabis）等人联合创立，是前沿的人工智能企业。
④ Nest，智能温控器制造商，谷歌子公司。

整合,大面积控制供应链。精心设计的股票期权等薪酬方案可以吸引在大公司有稳定职位的员工,高额金融回报激励企业家和初创公司员工创新创业,而并购和 IPO 活动则能带来高回报。[①]

4.3 生物医药产业集群——以丹麦—瑞典药谷为例

横跨丹麦和瑞典的药谷是世界第四大生物医药集群,是美国加州地区生物医药集群以外历史最久、最成熟的生物医药集群之一。技术、人才和资金高度积聚,集中了大批医院、大学、科学园和企业从事药物、生物和医学技术的研究和生产,拥有世界罕见的强大研发、生产和服务力量。

4.3.1 丹麦—瑞典生物医药产业集群发展优势

一、政府大力支持产学研互动交流形成集群

1994 年,北欧的丹麦和瑞典两国政府联手推动在丹麦哥本哈根地区和瑞典南部,成立北欧地区第一个生物技术药谷。该药谷与大学院校、医院和公司密切合作,是丹麦生物技术产业群的先锋,有 320 万人口。

该药谷得到瑞典、丹麦两国政府的大力支持,享有两国的优惠政策、融资渠道和信息资源,使其与英国剑桥、瑞士巴塞尔并列为三大欧洲最佳生物科技创新基地。这里既有世界著名的大型制药企业的集聚,又有数量众多的研究型医院和高校,实现了生物医药产业链的研发、临床、制造各环节全面发展,形成了一条完整的生物医药产业链。

作为欧盟国家,欧盟的相关政策对该医药谷的发展营造了良好的环境。欧盟简化了药品销售许可的审批制度,推动成员国建立良好的专利技术转让环境和高效率、高水平的技术转化服务体系,使欧洲在生物医药技术发展方面具有得天独厚的政策优势。

此外,丹麦拥有全球公共医疗支出最高的政府,同时常年被评为全球最清廉的国家。对医疗服务的投入和较少的腐败,让丹麦医药企业有充足的生长空间。瑞典政府在生物医药领域的投入比重也很大,瑞典政府生物技术研发的投入主要包括两个渠道:一是政府每年向大学生物技术专业系直接拨款,其中高校研究经费总额的 26% 投向医学领域;二是瑞典公立研究资助机构在生物技术领域投入大量研究资金。投入最多的机构分别为战略研究基金会、技术创新局以及瓦伦堡基金会、医学研究理事会和自然科学研究理事会。瑞典战略研究基金会支持的都是对提高瑞典生物技术产业竞争力具有战略意义的项目。研究理事会支持医学和生命科学领域的基础研究。工业技术发展局支持生物技术发展项目。

[①] 黄国妍,唐瑶琦. 美国硅谷的科技金融生态圈 [EB/OL]. (2019 – 03 – 27). [2019 – 05 – 04]. 中国社会科学网——中国社会科学报,http://news.cssn.cn/zx/bwyc/201903/t20190327_4854221_1.shtml.

二、雄厚学术力量推动产业集群

药谷所处地区的大学在生物和医学领域拥有强大的研究力量和悠久的传统，在基础生物医药研究领域有很多重要论文发表，在国际上处于领先水平，产生了几个诺贝尔奖获得者，使药谷有雄厚的知识基础。此外，一批研究导向的大型制药企业如诺和诺德，在药谷集群的形成过程中起到了关键作用。这些大型药企在该地区存在了近百年，具有很强的本地根植性。区别于欧洲大陆的一些制药巨头，药谷的大型药企非常重视研发工作和新技术应用，富于创新精神。在生物技术时代到来之际，这些大型药企反应迅速，借助本地的基础研究力量，加强应用研究，吸引供应商、不断衍生新企业，直接促成了药谷集群的形成。

药谷内还拥有致力于增强集群内大学、医院和各类企业之间的凝聚力的网络性组织——丹麦—瑞典药谷学会（Medicant Valley Academy）。该学会组织了大量活动、论坛、会议，促成区域内三类主体的交流。例如，一年一度的斯堪的纳维亚生物技术论坛科技会议，这是整个北欧地区发布科学研究成果最重要的区域性会议。该学会主持的博士项目计划很有创意也颇有成效，让每一个博士、博士后都在区域内某一个大学、医院和企业之间进行合作研究。通过学生与导师以及其他项目团队成员的共同工作和研究，增进了集群中三方力量的交流和互动，推动了知识在公共部门和私有部门之间的转移。

三、推动临床研究和大数据资源结合

丹麦—瑞典药谷的一大特点是善于利用本区域的临床设施优势资源。丹麦—瑞典药谷最引以为豪的四个研究领域（糖尿病、炎症、神经病和癌症）都与临床研究密切相关。医药企业很容易进行临床试验，从而加速了药品研发过程，提高了新药上市效率。人口仅570万的丹麦还拥有全球最大的生物样本库，这归功于其完善的医疗登记制度和电子病历推广。每个丹麦人从出生开始，其就医、体检的生物样本被全部完整记录在案，构成丹麦最宝贵的健康库。

药谷的医疗机构在欧洲最早执行"良好临床标准"（Good Clinical Practices，GCP），培养了一批高水准的专家和技术人员，甚至形成了一支专门的护士队伍专业从事这项工作。逐渐具备了从试验设计到过程管理的专业力量，形成了临床试验和预试验环节的完整产业链。大量的临床试验外包组织（Clinical Research Organization，CRO）集聚，推动了临床试验基地的形成。[①]

4.3.2 丹麦—瑞典生物医药产业集群发展的财政金融支持

一、完善的资本市场提供资金融通渠道

药谷拥有多条资金融通渠道，包括大型风险基金、股票市场、生物技术及生命科学

---

① 吴晓隽，高汝熹. 欧洲生物医药产业集群的案例研究及启示 [J]. 软科学，2008，22（12）：110－113，127.

专业基金、具有专业评估能力的银行投资等。药谷筹划机构本身也提供一定的种子基金，并给各创业者提供商业策划和咨询。瑞典有专业的、功能完善的风险资本市场，拥有数家专注于生命科学领域的风险投资商，药企可轻松获得专业风险投资，进行技术转让。瑞典的生物技术公司已跻身于欧洲接受风险投资最多的公司之列。此外，瑞典政府鼓励私人资金和风险投资进入生物制药产业，这种结构性的调整对高新技术企业有着重要的影响，尤其在高新技术企业处于重大转折的时期，风险投资发挥着极其重要的作用。

二、在全球范围内扩展医药外包研发

为了引入更多国际资本并有效降低成本，缩短药品开发时间，近年来药谷的大型制药企业还在全球范围内寻找合作伙伴，将技术性强的研究开发内容分包给具有研究实力的小型公司完成，通过医药外包研发打造制药产业基地。例如，丹麦临床与基础研究中心（CCBR）与北京中关村生命科学园合作，成立丹麦临床与基础研究中心（北京）分公司，进行药品外包试验。由于地理和人种等因素，以及支付志愿者进行临床实验和专业医务人员的费用相对低廉，一些药谷的企业越来越多地在波兰、俄罗斯、匈牙利和捷克开展临床 CRO，通过利用当地优质的医疗资源和价格相对低廉的临床实验对象，将产业集群、产业链国际化。

4.4 新材料产业集群——以日本为例

日本是重要的新材料生产国家，日本目标明确且保持领先优势的领域有精细陶瓷、碳纤维、工程塑料、非晶合金、超级钢铁材料、有机 EL（Organic Electro-Luminescence）材料、镁合金材料。发达的材料产业是日本机械制造工业长期保持世界先进水平的关键。凭借其超前的研发优势和研发成果的实用化开发力度，日本在世界环境、新能源材料市场上占有绝对的优势地位。经过近 40 年的潜心研发和精准的全球范围市场布局，2014 年日本在全球半导体材料市场份额中占比超过 60%（见表 4 – 1）。

表 4 – 1　　　　　　　　　2014 年半导体材料日本所占份额情况

半导体材料	细分子类	全球市场规模（亿美元）	日本份额（%）
衬底材料	硅晶圆	79. 9	68
微细加工材料	光刻胶	13. 74	72
	光罩/掩膜版	32. 19	76
	电子气体	34. 81	31
	湿化学品	10. 59	50
	靶材	5. 98	50
	科学机械抛光（Chemical Mechanical Polishing, CMP）材料	5. 53	29

续表

半导体材料	细分子类	全球市场规模（亿美元）	日本份额（%）
封装材料	引线框架	34.76	50
	陶瓷封装材料	20.75	86
	封装树脂	27.12	82
	键合丝	33.85	84

资料来源：国海证券研究所。

4.4.1　日本新材料产业集群发展优势

一、政府将新材料列为国家高新技术第二大目标

20世纪70年代全球半导体市场及技术中心在美国，1971年第一代英特尔（Intel）微处理器在美国诞生，1976年第一台工艺生产控制器在美国启用，从1975年的统计数据分析，全球前十的半导体制造商全部为美国企业。然而，在日本政府的大力扶持下，日本半导体材料企业后发先至，从20世纪80年代开始，全球半导体行业中心转向日本。

为了扭转日本在技术上依附欧美的弱势地位，日本通产省（Ministry of International Trade and Industry，MITI）发挥了强大的引导作用，为日本半导体企业的有序竞争构建了制度框架。1957年颁布的《电子工业振兴临时措施法》奠定了日本企业学习美国先进技术的基础；1971年出台的《特定电子工业及特定机械工业振兴临时措施法》强化了发展以半导体为代表的电子产业的力度，推动日本企业加强自身研发和生产能力，有效地抵御了欧美半导体厂商的冲击，帮助日本半导体制品走向世界；1978年制定的《特定机械情报产业振兴临时措施法》进一步稳固了日本半导体产业的地位。

面对新技术革命浪潮，日本在《产业结构展望2010》中确立了10大尖端技术领域，将重点扶持机器人、航空、航天、生物医药等产业，以期实现重点突破。同时在对上述领域具有基础材料支撑作用的高温超导、纳米、功能化学、碳纤维、信息技术（Information Technology，IT）等新材料相关尖端产业的发展战略中，突出强调全面和整体发展，目标是强化和提高产业技术的国际竞争力。

新材料技术不仅对传统产业的进一步优化升级来说至关重要，还决定着智能电网、新一代汽车等的技术进步和发展。毫无疑问，谁能在新材料领域的基础技术能力方面实现超越，谁就能掌控新材料产业的发展，并在新兴能源环境产业链上占据有利地位。在各国争先恐后发展新材料的竞争中，日本政府在政策上加大了向基础新材料产业的倾斜，为新能源和低碳技术发展提供必要的产业支持。

日本产业结构展望中的尖端技术发展政策无不体现出系统性、综合性的特征，这不仅有利于打破条块分割，加强各部门之间的协作，也有利于引导全社会，特别是民营部门的积极参与。其政策的着眼点不在于日本国内，而在于如何提高日本新材料产业的整体国际竞争力。即从全球的技术及市场发展的视野规划日本新材料产业的未来发展，具有很强的全局性和战略性。考虑到新材料技术研发存在较大的风险，日本政府除设立专项基金外，广泛采用官民结合模式，通过部门协作以及与企业协作来分散、化解风险，加快实证化和市场化进程。

二、发挥产官学合作体制优势打造产业集群

日本的产官学合作体制在促进科研成果产业化方面发挥了重要作用。在日本的产官学合作体制中，政府处于主导地位，依据法律法规，政府和民间成立了一些科技中介机构，在科研成果和企业间牵线搭桥。例如，科学技术振兴机构、新能源产业技术综合开发机构分别隶属于文部科学省和经济产业省的科技中介机构，它们通过公开募集的方式，委托企业完成各项新技术开发，并提供所需的研发费用，研发成果归国家所有，参与的企业享有优先使用权。据统计，上述机构每年把上百项重要科研成果成功转化为产品。

产学结合就是企业与学校结合，例如，住友电气公司和大学就开发新材料方面进行合作研究，成功地开发出瞬时合成烧结精细陶瓷的方法。在日本这样的产学合作事例不胜枚举。

这一体制还鼓励企业间的合作。新材料厂商进行材料开发，用户厂商进行机器、设备的开发。生产厂商和用户厂商的关系非常密切。在竞争剧烈的尖端技术时代，需要形成一个有效的开发战略。日本许多企业认识到，为了缩短开发周期和更好地生存发展，有必要共同进行研究。基于此，许多新材料生产厂商和用户厂商以对等形式进行共同开发、共同生产。

三、重视基础研究和人才培养

在 1984 年的科学技术白皮书中，日本政府特别强调要重视新材料的基础研究。此后，在政府的扶持和引导下，新建了一批新材料研究所，着重对电子、新材料、生物工程等方面开展研究活动，培育了许多材料科学家和材料工程师。正是几十年稳扎稳打的科研积累，才使日本新材料产业拥有今天的强大竞争力。

四、强化海外市场拉动运营模式创新

受制于自然资源少、市场狭小，日本大力发展外向型经济，根据工业政策导向，选择市场潜力巨大、高附加值的新材料领域作为重点，尽快专业化、工业化，目标是扩大世界市场份额，在全球产业链中占据制高点。总结 IT 等尖端技术产业国际竞争失利的经验教训，日本政府认识到，传统的生产模式已不能适应经济全球化要求，需要转向新

的经营模式。应该通过核心技术的严控及外围技术的公开化与标准化，迅速扩展市场、降低成本、获得更多垄断利润。还应该通过各种配套技术，扩大技术设备系统化、一体化服务，提升海外市场份额。

4.4.2 日本新材料产业集群发展的财政金融支持

一、财政大力支持新材料研发

1985 年，日本政府在新材料方面的研究经费预算金额达 78.1 亿日元，占科学技术振兴费的 2.04%，与大型工业技术研究开发费（76.98 亿日元）和海洋开发经费（79.84 亿日元）大体相当，远高于太阳能、地热能、氢能等新能源以及电子计算机产业的开发研究费。为促进新材料的发展，日本与欧美主要国家一样，实施税收优惠政策。对新增研究经费减税 20%，减税限额不超过企业所得税的 10%；对新材料试验研究费的税收，可以延期缴纳；对新材料的开发投资减税 10%，以鼓励民间从事新材料的技术开发活动。[①]

二、"主银行制度"增进银行与企业间联系

日本金融体系是银行主导的，富有特色的"主银行制度"确保了银行与企业间的联系更加密切和稳定。企业的"主银行"不仅为企业发展提供可持续的低成本资金，还向企业派出董事，在公司治理中发挥重要作用。这一制度有力地促进了日本企业做强做大，对日本的产业结构升级和经济高速增长作出了积极的贡献。例如，1959—1970 年，企业为更新和扩大固定资产而进行的设备投资高达 145.2 万亿日元，其中 70%~80% 都是通过以银行为主导的间接融资方式取得的，这一时期日本经济实现了年均 20% 的高速增长。

由于新兴产业的起步阶段多以中小企业为主，发展不确定性和风险较大，"主银行"制度下一些银行积极探索，例如日本瑞穗银行借鉴创业投资、风险投资的做法，投资高科技中小企业的部分股权，引导基金、保险和信托资金进入中小企业，将金融资源配置到高科技产业中，旨在帮助这些企业成长为小巨人。

4.5 文化创意产业集群——以英国为例

英国是世界上第一个提出"创意产业"概念的国家，也是第一个利用公共政策推动文化创意产业发展的国家。文化创意产业已成为英国仅次于金融服务业的第二大产业，帮助英国实现了由以制造业为主的"世界工厂"向以文化产业为主的"世界创意中心"的成功转型。英国成为仅次于美国的世界第二大创意产品生产国，文化创意产业已成为英国政府推动经济增长与降低失业率的有效发展策略。

---

① 崔成，牛建国. 日本新材料产业发展政策及启示［J］. 中国科技投资，2010（9）：31-33.

4.5.1　英国文化创意产业集群发展优势

一、将文化创意产业发展作为国家战略

第二次世界大战后，英国经历了殖民帝国的瓦解和制造业竞争力的日益下降，政治经济实力不可同日而语，但其文化和意识形态影响力依然保持强势。在英国的国家战略规划中，文化是其在国际综合国力的竞争中争夺话语权、发挥影响力的重要手段，也是其失去殖民帝国之后依然跻身于世界大国俱乐部的重要筹码。

利用英国丰富的文化资源、帝国时代留下的无形资产、完备的管理体制，积极推动文化外交，塑造英国形象，大力发展文化创意产业，确保英国始终保持世界文化强国地位，这是英国的重要国家战略。

伦敦在英国文化强国战略中具有举足轻重的地位。第二次世界大战后英国政治经济地位严重下降，加上工业化导致的环境污染问题严峻，伦敦的经济金融中心地位受到巨大挑战。20世纪70年代，伦敦敏锐地抓住全球产业升级的时代机遇，一方面率先进行金融创新，清除金融全球化障碍，另一方面大力发展包括咨询、广告、设计、教育、科技研发等专业服务业。20世纪80年代，伦敦成功实现了后工业化时期的经济结构调整，金融服务成为伦敦的经济支柱。20世纪90年代，伦敦构建起目前国际上架构最完整的文化产业。此后，金融服务业与文化创意产业构成了伦敦的两大核心竞争力。

政策扶持在促进伦敦文化产业发展中具有重要作用。最有代表性的是以下四份纲领性文件：2004年4月伦敦政府（时任市长为肯·列文斯通）公布的《伦敦文化之都：实现世界级城市的潜力》、2008年3月伦敦发展署发布的《伦敦文化审计》、2010年11月伦敦市市长鲍里斯·约翰逊公布的《市长文化战略》以及2014年3月公布的《2014文化都市——伦敦市长文化战略》。

这些政府报告的基本思路一以贯之，都将保持伦敦"世界文化之都"的地位视为重中之重，允诺对文化创意事业提供持续的支持和投资。伦敦议会和伦敦政府——无论是工党执政还是保守党执政——对于文化创意在城市发展中的重要性拥有清晰而坚定的共识，这使虽然伦敦市政府在过去10年经历了政党轮替，但其文化政策基本上保持了连续和稳定。伦敦政府很好地扮演了这样的角色：在宏观上制定文化发展战略，引导和加强对文化重要性的倡导，协调各类部门和机构，为文化发展提供硬件保障和完善的法治环境。

伦敦充分利用自身丰富的文化资源和区位优势，形成产业集聚效应。伦敦的创意产业总值约占英国创意产业总产出的1/4，伦敦创意产业人均产值几乎是全国平均水平的两倍。英国每年电影投资的85%集中在伦敦，全国2/3的电影制作专职岗位、73%的电影后期制作业务设在伦敦；全国约1100个电视制作公司中的700个总部设在伦敦；全国音乐产业产值的一半由伦敦贡献；全国1/3的表演艺术公司位于伦敦；全国广告业从业人员 75% 在伦敦工作；全国 85% 以上的时尚设计师、1/3 以上的设计机构以伦敦为基地；全国 40% 以上的出版业从业人员集中在伦敦，伦敦出版业产值占到全国的 36%。[①]

二、充分调动企业对文化创意产业投资的积极性

英国政府注重调动企业对文化性投资的积极性，引入商业机制发掘更多的文化产值。出版《直击银行》（*Banking on a hit*）手册，指导相关企业或个人如何从金融机构或政府部门获得投资援助，英国政府还推动成立了众多基金，建立政府、银行和行业基金及创意产业之间紧密联系的融资网络，帮助创意产业解决最初的融资困难。在政府融资支持下，英国的私人资金也为创意产业的发展提供了重要融资来源，使银行贷款和私人基金成为英国创意产业融资的主渠道。

目前，英国已成为全球文化创意产业占 GDP 比重最大的国家，形成了以伦敦和曼彻斯特为基地的欧洲两大创意中心，打造出伦敦电影节、伦敦时装周和伦敦设计节等具有国际影响的大型活动，英国的音乐产品占全球音乐产品的比例达到 15%，它的保留节目资源量仅次于美国。英国视频游戏销售额达全球的 16%。越来越多的跨国公司借助英国的专业设计建立了国际品牌。数字化和创意产业已成为推动英国经济增长的主要支柱。

三、跨领域多部门共建文化创意产业

民间力量是文化创意产业发展真正的践行者、受益者和积极推动力量。推动民间各部门的深入参与，调动市民的积极性，民间力量也是英国文化产业成功发展的重要因素，这表现在其城市社会运动，参与文化产业政策规划的决策过程和公司合作的执行机制上，以及在地方文化产业决策过程中扮演的发起者的角色。

将文化园区建设成为展演场地、生产基地、公民与产业的互动媒介、教育和培训基地。在文化园区开发政策上，英国政府多选择没落的旧市区，将文化园区开发与城市转型升级结合起来，借助多元化的资金支持和公私合作开发的方式，成功推动了兼顾商业与文化多样性的文化园区建设。虽然传统文化产业与创意文化产业在发展逻辑上存在差异，前者重视社会意义、小规模生产与文化差异，后者则重视商业方式、产业化与创新。但通过英国文化产业的发展经验，我们可以看出，英国民间与政府都在努力兼顾商业利益与社会公平和公民参与，两者的调和是英国文化创意产业蓬勃发展的基石。

四、注重品牌效应和知识产权保护

英国政府致力于帮助文化创意企业开拓国际市场。为推动文化产品出口，成立了创意产业输出顾问团，对创意产业的发展提供咨询建议，并就促进创意产品出口、打造英国文化产业品牌等提供政策意见。

[①] 陈琦. 伦敦：金融服务和文化积淀滋养创意产业 [EB/OL].（2015 – 04 – 03）.［2019 – 05 – 04］. 文汇网，https://www.whb.cn/zhuzhan/xue/20150403/27806.html.

合理利用本土文化资源，打造本土文化品牌，是英国文化创意产业迅猛发展的重要原因之一。例如，伦敦以电影节、时装节、设计节、游戏节为基础，发展艺术、演艺、电影、时装、设计、数字传媒、音乐等产业，成为全球"创意城市"的典型；利物浦利用披头士摇滚乐队故乡的定位，积极发展音乐、艺术、博物馆等产业，现已成为英格兰文化名城，也被誉为"创新之城"；位于苏格兰高地北部大峡谷的尼斯湖，利用水怪神话深度开发文化产业而闻名遐迩。

英国推动本国文化产业的全球化运营，并注重产权保护，是世界主要图书版权输出国，也是最早开展图书版权贸易的国家。国际版权贸易包括作品翻译权、平装书重印权、改编权、电子出版权等。《哈利·波特》系列小说的版权转让堪称英国近年来版权贸易最为成功的案例。

英国政府中的文化委员会每年出资上百万英镑推广英国图书，鼓励与资助出版公司在海外举办和参加各种书展；海外贸易局每年也向一些出版公司提供几十万英镑的图书出口补贴等。直接出口图书与销售版权以赢取更多利润成为英国出版业的显著特点。英国政府还将"数字英国"作为未来的发展目标，建立了相对完善的数字出版法律体系，对准入机制、出版内容、版权保护、行业规范与自律、政府监管等进行规范，更加强化技术保护措施，明确网络服务提供商的责任，在强化版权人权利保护的同时，合理兼顾公众利益，注重公众权利保护。

知识产权制度可以说是鼓励创新、保护创造力的社会基础。英国文化创意产业之所以能成为全球翘楚，与其拥有完善的版权保护法律体系密切相关。新经济的创意产权较为复杂，牵涉的要素与传统经济存在较大差异，创意者可能会发现自己没什么产权保障，因而对智能财产权的法律保护显得尤为重要。[①]

4.5.2 英国文化创意产业集群发展的财政金融支持

一、依靠伦敦的地位提供发达融资支持网络

伦敦是全球最大的国际金融中心，也是英语世界的文化中心，这样的地位使伦敦创意产业享有得天独厚的优势，能够获得来自全球的、覆盖各种风险偏好的庞大融资支持网络。伦敦政府一方面协同金融界和民间投资者推动成立众多资金资助项目对创意产业予以直接的资金支持，另一方面通过大力宣传创意产业的发展前景，鼓励私人资本包括海外资本投资英国的创意产业。政府、银行、行业基金、创意产业间系统的融资体系，为伦敦创意产业集群的形成及快速发展提供了重要的金融保障。

二、政府财政提供大力支持

英国政府大力扶持文化创意产业。第一，2014 年 3 月发布《英国创意产业投资机

---

① 王冰清. 英国文化创意产业发展的成功经验 [N]. 中国民族报，2014 – 10 – 31（008）.

会》，为海外投资者提供信息和帮助。第二，英国政府和伦敦政府制定税收优惠政策，鼓励文化创意产业发展。第三，政府还通过专业化的公共机构，给予创意企业在投资风险评估、知识产权保护、创意技能培训等方面的支持，帮助文化创意企业节约成本，增加资金可获得性。

第 5 章

中国战略性新兴产业集群的发展情况

【摘要】 发展战略性新兴产业是中国经济转型升级的首要任务，对中国经济的可持续增长至关重要。在政府规划引导和基础设施先行的发展方针指导下，根据产业集群条件和所依托的城市，八大战略性新兴产业蓬勃发展。2018 年，中国"三新"经济（新产业、新业态、新商业模式）① 增加值为 145369 亿元，占 GDP 的比重为 16.1%，新兴产业正在为中国经济发展提供新的动能。

5.1 中国新兴产业集群发展历程

5.1.1 发展战略性新兴产业的必要性

战略性新兴产业代表新一轮科技革命和产业变革的方向，是培育发展新动能、获取未来竞争新优势的关键领域。而未来几年是全球新一轮科技革命和产业变革从蓄势待发到群体迸发的关键时期，也是中国战略性新兴产业发展的关键时期。从全球来看，信息革命进程持续快速演进，物联网、云计算、大数据、人工智能等技术广泛渗透于经济社会各个领域，信息经济繁荣程度已成为国家实力的重要标志。增材制造（3D 打印）、机器人与智能制造、超材料与纳米材料等领域技术不断取得重大突破，推动传统工业体系分化变革，将重塑制造业国际分工格局。基因组学及其关联技术迅猛发展，精准医学、生物合成、工业化育种等新模式加快演进推广，生物新经济有望引领人类生产生活迈入新天地。应对全球气候变化助推绿色低碳发展大潮，清洁生产技术应用规模持续拓展，新能源革命正在改变现有国际资源能源版图。数字技术与数字创意、设计服务深度融合，数字创意产业逐渐成为促进优质产品和服务有效供给的智力密集型产业，创意经济作为一种新的发展模式正在兴起。创新驱动的新兴产业逐渐成为推动全球经济复苏和增长的主要动力，引发国际分工和国际贸易格局重构，全球创新经济发展进入新时代。全球各产业的发展和变革为中国战略性新兴产业的发展提供了重大机遇和发展平台，中国应抓住机遇，搭上新一轮科技革命和产业变革的快车，不断推动战略性新兴产业取得新进展。

---

① 《新产业新业态新商业模式统计分类（2018）》的范围包括现代农林牧渔业、先进制造业、节能环保活动、互联网与现代信息技术服务、现代技术服务与创新创业服务、现代生产性服务活动、新型生活性服务活动、现代综合管理活动。

　　"十三五"以来，中国的战略性新兴产业在新一代信息技术、高端制造、生物、绿色低碳、数字创意等领域实现了群体突破，重点企业新技术新产品不断涌现，产业发展势能全面爆发。科研基础设施不断完善，500 米口径球面射电望远镜（Five-hundred-meter Aperture Spherical Telescope，FAST）、"天河"超级计算机等国家重大科技基础设施的建设发挥强大的科研支撑和平台作用。新一代信息技术产业，集成电路、平板显示生产能力取得突破性发展；移动支付、共享出行、电子商务等大幅便捷人民生活；华为推出自主研发的海思芯片和鸿蒙操作系统，助力中国在两大关键信息技术领域实现重要突破。生物产业，在 PET - CT（正电子发射计算机断层显像）等高端医疗器械领域国产化产品从无到有；在干细胞治疗、基因测序等前沿领域不断缩小与国际先进的差距。高端制造产业，自主研发制造的 C919 大飞机实现首飞，ARJ21①实现商业化运营；运载火箭水平世界一流，辽宁号航母、蛟龙号深潜器、"造岛神器"天鲸号挖泥船均已投入使用；由中国中车牵头组织攻关的中国首辆时速 600 千米高速磁浮试验样车下线，标志着中国在高速磁浮技术领域实现重大突破。绿色低碳产业，新能源汽车产销量占全球市场份额的一半以上，太阳能、风能发电装机量均位居全球第一。数字创意产业，虚拟现实、增强现实、全息显示、高清显示等应用范围快速扩大，大幅提升了创意内容的表现力，催生了一批新的经济增长点。

　　中国目前面临的国际国内形势较为复杂，国内经济下行压力有所加大，新旧动能转换整体上仍青黄不接，面临这些新的问题和挑战，战略性新兴产业将肩负起新的历史使命。首先，战略性新兴产业是提升中国经济质量的首要抓手。当前，新兴产业已成为主要国家寻找新增长点、培育新优势的战略选择。其次，战略性新兴产业是新旧动能接续转换的关键动力。发展战略性新兴产业不仅能加快培育形成新的经济增长点，同时能够促进传统产业优化升级，拉动投资的效益显著。再次，战略性新兴产业是促进消费提质转型升级的有力保障。战略性新兴产业以重大发展需求为基础，兼具"战略性"和"新兴"的特点，能提供更高质量的产品和服务，更好地满足消费升级需要，并能促进信息消费、新型健康服务等新型需求的产生。最后，战略性新兴产业是带动要素协同发展构建现代产业体系的着力点。战略性新兴产业具有技术创新强、资金需求多元、人力资源要求高等特点，其发展必然带动形成实体经济与科技创新、科技创新、现代金融、人力资源等协同发展的产业体系。总之，战略性新兴产业是推动中国经济高质量发展的新动能，是推动经济高质量发展的新引擎和重要载体，也是推动经济高质量发展的客观必然要求。

---

① ARJ21（Advanced Regional Jet for 21st Century）支线客机是中国按照国际标准研制的具有自主知识产权的飞机。ARJ21 包括基本型、货运型和公务机型等系列型号。

5.1.2 中国战略性新兴产业集群发展阶段

根据索罗的经济增长模型，一定地理空间内的产业规模的增长都离不开两类主导因素的影响。一方面是劳动力、资本、土地等各类生产要素，另一方面是代表要素使用效率的全要素生产率。产业集群的形成同样可以归因于上述主导因素的变化。通过研究我们发现，驱动战略性新兴产业集群形成的基本因素包括三大类：传统要素、新型要素和要素效率。其中，传统要素主要指劳动力、资本以及土地，三者可以说是所有产业集群形成的必备条件，战略性新兴产业集群的形成同样需要传统要素的支持。新型要素主要指数据、信息、知识，在数字经济时代，数据、信息、知识所带来的影响力将不亚于甚至超过土地、劳动力和资本三大生产要素，成为不可替代的新的生产要素，依托新型要素优势同样能够快速形成战略性新兴产业集群。要素效率主要指全要素生产率，包括集群内企业技术创新和升级、管理模式创新和改进、产品质量提高、企业结构升级等各类提升要素系统生产效率的因素。

自新中国成立以来，中国战略性新兴产业集群的形成大致可以分为四个阶段：自力更生阶段、对外开放阶段、融合发展阶段及自主创新阶段。其中，自力更生阶段和对外开放阶段主要依靠的是传统要素驱动，融合发展阶段主要依靠的是效率驱动，而自主创新阶段开始越来越多地依靠新要素驱动（见图5-1）。

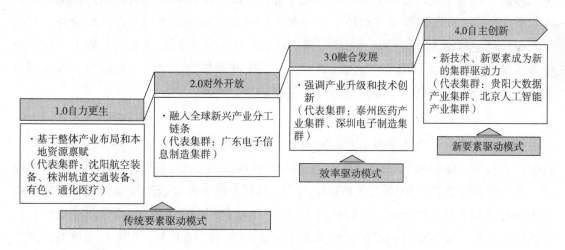

图 5-1 中国战略性新兴产业集群发展历程

一、自力更生阶段

战略性新兴产业早期的集群主要依赖于政策布局和本地要素禀赋优势。一种是基于国家早期的产业布局基础而出现的产业集群，并围绕优势基础产业形成龙头企业引领的战略性新兴产业链条，比如沈阳、西安在国家整体航空工业布局的带动下，形成了航空装备产业集群；株洲、长春形成了轨道交通产业集群。另一种是基于本地的要素禀赋优势而出现的产业集群，并依赖特殊优势资源形成一批同类型的企业，如吉林通化市依托丰富的中草药资源，涌现了一批中成药企业，进而形成医药产业集群，云南依托有色金属的丰富矿藏形成功能材料集群等。自力更生阶段，重点需要依托产业基础和要素禀赋优势，利用传统生产要素吸引、培育创新动力，形成产业链核心企业的支撑作用，打造形成具有独特竞争优势的产业集群。

二、对外开放阶段

伴随着中国改革开放，战略性新兴产业集群形成方式步入第二阶段，该阶段战略性新兴产业集群发展主要依赖于融入全球新兴产业分工链条，形成本地化产业集群。在该阶段，同样是传统要素起主导驱动作用，代表产业有电子信息制造业。例如，广东通过大量承接国际新兴产业转移，依靠劳动力、土地等传统要素的成本优势，形成一批极具国际竞争力的外向型电子信息制造业新兴产业企业和相应产业集群。对外开放阶段，重点需要依托区位优势和劳动力、土地要素优势，积极引入国际新兴产业龙头企业落户，同时培育一批本地配套企业，并形成产业集群。

三、融合发展阶段

21世纪初，随着中国加入世界贸易组织（WTO），战略性新兴产业集群步入新的发展阶段，由传统要素为主导驱动模式进入由产业升级和技术创新主导的效率驱动模式。例如，泰州的医药产业集群，在经历对外开放阶段后，形成了以国际企业为主导的集群生态体系，但是在融合发展阶段，本土医药企业不再仅仅为国际龙头企业提供配套服务或同质化生产，而是依托技术创新、产业升级，融合发展转变为创新链前端企业，并改变产业集群运转模式。深圳电子制造集群，在具备国际领先制造能力的基础上，通过与生命科学结合，形成了以迈瑞等为代表的医疗器械产业集群。融合发展阶段，重点需要强调产业升级和技术创新，提升集群内各类要素的生产率。

四、自主创新阶段

近年来，新一轮科技革命浪潮快速袭来，把握移动互联网、大数据、物联网、人工智能等新技术、新要素带来的发展机遇成为新时期战略性新兴产业集群发展的重要模式。例如，贵阳依托本地传统要素优势，抓住大数据这一新要素的发展机遇，快速形成了全国知名的大数据产业集群，并致力于打造"中国数谷"，贵阳也成为西部生产总值新的增长龙头。北京依托全国科技创新人才高地优势，形成了人工智能产业集群，涌现出一批人工智能创新型企业。自主创新阶段，一方面需要结合自身优势，构建以新技术新要素为引领的产业体系，推动区域产业全面升级；另一方面，需要营造良好的创新创业环境，发挥创新人才作用。

5.1.3　八大战略性新兴产业集群发展现状

一、新一代信息技术产业集群

新一代信息技术产业主要包括下一代信息网络产业，电子核心产业，新兴软件和新型信息技术服务，互联网与云计算、大数据服务，人工智能。

新一代信息技术产业集群主要分布在高水平大学、信息技术国家重点学课和实验室支撑的区域，主要以环渤海、长三角、珠三角为核心，以成都、重庆、西安为核心的"西部黄金三角区"也有较好的发展。从产业规模来看，环渤海与珠三角地区的基础较好，规模较大，但从发展空间来看，中西部地区则具有更大的承接东部地区产业转移的成长空间。

近年来，在国家政策和资本的双重支持下，中国新一代信息技术产业得到了迅速发展，但仍然存在一些不容忽视的发展短板。首先，中国新一代信息技术产业仍受到核心技术、元器件、原材料、装备等薄弱环节的影响，供应链掌控能力不足，从而导致供应链面临着较高的风险。以电子信息产业为例，中国在关键元器件方面，基础通用技术、关键元器件等领域受限于纯度、精度、寿命、可靠性、一致性、稳定性等因素，整体上仍全面落后于国际先进水平，在多个关键领域依然存在技术短板和空白，如芯片、DSP（数字信号处理器）、高频滤波器、AD/DA（模数/数模）转换器、中高端 FPGA（现场可编程门阵列）、光器件、基础软件等。在基础零部件方面，2018 年以来受日系厂商战略转向等因素影响，电容、电阻等基础零部件供需失衡，导致在广东、江苏等电子制造大省，诸多工厂因涨价和缺料严重而被迫停工或关闭。[①] 其次，在云计算、大数据服务、人工智能等产业下游领域，虽然涌现出了一些领先企业，但相关服务商的能力尚不能适应企业需求的快速增长，面向特定行业、领域的解决方案仍然有限。以云计算为例，软件即服务（Software-as-a-Service，SaaS）领域厂商规模普遍较小，系统化服务能力弱，定制化能力不足，不能满足企业的差异化、个性化需求。此外，目前相关厂商所开发的云产品主要以服务大型公司为主，若要服务中小企业，往往需要进行二次开发，也增加了用云成本和难度。最后，在行业应用方面，相关服务配套设施还不够完善。以大数据产业为例，中国大数据产业发展也面临着数据流通与交易的市场机制尚不完善、工业大数据服务水平有待提高、数据安全问题亟待解决、技术创新与支撑能力不强、专业人才短缺问题等挑战。

二、高端装备制造产业集群

高端装备制造业是一类专门生产制造高技术、高附加值的先进工业设施设备的行业。高端装备主要包括传统产业转型升级和战略性新兴产业发展所需的高技术高附加值装备。

高端装备制造产业主要分布在工业基础较好的地区，目前已初步形成以环渤海、长三角地区为核心，东北和珠三角为两翼，以四川和陕西为代表的西部地区为支撑，中部地区快速发展的产业空间格局。

---

① 赛迪智库.2019 年中国工业和信息化发展形式展望系列报告：104.

《2017 中国高端装备制造业年报》统计数据显示，2017 年中国高端装备制造业销售收入超过了 9 万亿元，在装备制造业中的占比提高到了 15%，2012—2017 年高端装备制造产业的销售收入复合增长率达到 32.3%。2018 年，在国家一系列产业政策的推动下，高端装备制造业发展成效显著，取得了一批新的重大成果。如国产大型水陆两栖飞机"鲲龙" AG600 成功完成水上首飞，全球首套高铁自动驾驶系统完成现场试验，国产自主医用大型放射治疗装置开始临床试验治疗，世界首台发送端 ±1100kV 特高压直流换流变压器成功研制，宽体客机起落架主起外筒锻件试制成功。但中国高端装备制造产业仍然面临核心零部件和技术缺乏、产业集群效应不明显等问题。目前，中国很多高端装备制造企业还未掌握先进设备和重大成套设备的技术，许多核心零部件和技术只能依赖进口，导致企业成本不断上升，利润一再被压缩。此外，长期依赖技术进口也导致产业创新能力不足、缺乏核心竞争力。

三、新材料产业集群

新材料是指新出现的具有优异性能和特殊功能的材料，或是传统材料改进后性能明显提高和产生新功能的材料，工业和信息化部将新材料划分为先进基础材料、关键战略材料、前沿新材料三大领域。2017 年，中国新材料产业生产总值达到 33020 亿元，2012—2017 年新材料产业规模复合增长率为 19.86%。

新材料产业集群主要分布在矿产资源丰富的区域或资源枯竭型城市，这些区域大都提出发展新材料产业的转型升级战略。中国的新材料产业形成了"东部沿海集聚，中西部特色发展"的空间布局框架，西部地区主要从事原材料生产，环渤海地区聚焦于研发，东部及中部地区主要承担原材料加工，长三角、珠三角主要承担下游应用与销售。各区域新材料产业的发展和空间分布都各有优势、各具特点。其中长三角是新材料产业集中度最高、产业链最完整的地区，在电子信息材料、陶瓷材料领域优势明显；环渤海地区是中国创新资源最集中的地区，在稀土功能材料、膜材料领域优势明显。

目前，中国新材料产业仍集中在中低端材料，技术含量和附加值较低，而高技术门槛、高资金投入、高附加值的新材料发展相对滞后。2017 年，中国先进基础材料产值比重占 59.8%，关键战略材料产值比重占 37.8%，前沿新材料仅占 2.4%。中国先进基础材料产业集中度较高，国内企业多为国有及国有控股企业，具有雄厚的资金实力和市场竞争优势；部分关键战略材料仍受制于人，如高性能分离膜材料、高性能纤维等；前沿新材料则有待进一步布局和研发。[①]

四、生物产业集群

生物医药产业是知识和技术密集型的高科技产业，具有高技术、高投入、高风险、高收益、周期长、垄断性等基本特征，是国家经济发展的支柱性产业。同时，生物医药

---

① 赛迪顾问. 2017—2018 中国新材料产业发展研究年度报告.

产业还是保障人民身体健康、保障社会生产力、推动社会进步和经济发展的重要行业。2017 年，中国生物制药产业生产总值达到 1699 亿元，同比增长率达到 11.3% 。[①]

生物产业集群尤其是生物医药产业主要形成于自然资源丰富、科技水平高、人才聚集度高的地区。中国生物医药产业形成了以长三角、环渤海地区为核心，珠三角、东北等地区快速发展的空间布局，同时中西部地区也呈现多元化发展模式，成渝经济圈、长吉图地区、长株潭地区和武汉城市群聚集区在医药成果转化、疫苗生产、制剂研发等细分行业领域发展迅速。

从国内环境来看，医药产业需求旺盛，国家政策大力支持。一方面，中国人口红利透支加速，随着人口老龄化进一步加重，医疗保健需求将大幅增加，药品进入医保目录，中国生物制药市场将在未来几年迎来新的增长高峰期。另一方面，生物产业作为 21 世纪影响最为深远、创新最为活跃的新兴产业，是中国战略性新兴产业的主攻方向。在"十三五"规划纲要提出的"推进健康中国建设"的 8 大措施中，有 7 项措施与医药产业息息相关。国内在生物药相关的法规不断健全，相关法规的出台对生物药带来重大利好。随着加速审批等政策的持续深化，中国生物制药产品在研项目将在未来 5 年内集中上市。从国际环境来看，随着美国生物类似药市场的打开，全球生物类似药产品的研发趋势似乎正在加速。亚洲地区的劳动力成本优势、固有成本优势以及药品专利制度逐步完善，全球医药合同加工外包（Contract Manufacture Organization，CMO）市场将持续从西方成熟市场转移至亚洲新兴市场。中国生物医药产业虽然起步较晚，但在近些年也取得了较快的发展。

就市场结构来看，中国生物制药产业以中小企业为主，大型企业占比偏低。主要是由于资金规模的限制，使研发投入和效益都比较低，直接导致企业大而不强，与国外知名药企存在一定差距。近年来，整个产业掀起一轮合资并购的高潮，收购专利创新逐渐在国内成为主流。传统的生物医药创新研发风险高、周期长、回报慢，因此大企业将目光投向手握好品种的新兴研发型药企，对已生产可盈利药物的小公司进行收购。大型药企可以帮助小企业在营销、品牌重塑、生产和分配效率、品牌扩张等方面加速发展。通过并购手段，资本运作带来资源，大幅降低时间投入和风险承担，从而为企业带来超额回报。这一模式逐渐取代传统的企业自主研发，成为新的主流。

五、新能源汽车产业集群

汽车产业具有规模经济、关联产业多、配套环节多、产业链长、技术及资本密集性等典型特点，因此在发展过程中易于形成产业集群模式。新能源汽车产业集群主要分布在经济高度发达、人均收入高且汽车产业发达的地区。中国新能源汽车产业已形成了以江苏—上海为中心的长三角集群、以重庆为中心的西部集群、以武汉为中心的中部集

[①] 赛迪顾问. 2017—2018 中国生物制药市场研究年度报告：6.

群、以广州为中心的珠三角集群、以北京—天津为中心的京津冀集群、以长春为中心的东北集群。其中长三角集群发展势头最好，中西部集群和珠三角集群逐步崛起，京津冀集群增速下降，东北集群则相对落后。

中国新能源汽车产销量继续保持高速增长态势。据中国汽车工业协会统计，2011—2018 年，新能源汽车产量从 8368 辆增长至 127.05 万辆，年复合增长率为 104.94%；销量从 8259 辆增长至 125.62 万辆，年复合增长率为 105.35%，中国新能源汽车产业已经连续 4 年居世界新能源汽车产销量首位。截至 2019 年 6 月末，中国新能源汽车保有量高达 344 万辆，占全球市场保有量的 50% 以上，位居世界第一，与美国、挪威、德国、法国等国家共同构成全球新能源汽车主要市场。

新能源汽车产业仍然存在产能过剩、核心技术有待提升、充电基础设施缺乏等需要关注的问题。首先，新能源汽车产业已经出现产能过剩现象。根据赛迪智库不完全统计，全国新能源汽车整车在建及拟建项目共计 113 个，预计产能达 2109.8 万辆，项目投资超 6000 亿元，涉及 24 个省、直辖市，布局以长三角、珠三角、中部地区为主。由此可见，规划产能已达到《汽车产业中长期发展规划》提出的到 2020 年 200 万辆销量的 10 倍。其次，在电池（包括动力电池和氢燃料电池、固态电池、金属空气电池、锂硫电池等下一代动力电池）、整车制造、关键零部件性能等方面都与国外差距较大，核心技术有待进一步突破，存在较大发展空间。最后，新能源汽车充电难的总体态势并未根本改变。截至 2019 年 5 月末，中国公共充电桩保有数量 40.1 万台，私人充电桩数量 57.5 万个，公共充电桩和私人充电桩总量超过 97 万个，车桩比约为 3.5:1。目前，中国在直流充电技术尤其是在功率模块、电子芯片、漏电保护、安全防护等方面也需要加快突破。

六、新能源产业集群

新能源，又称非常规能源。从广泛意义上来讲，新能源是指区别于传统靠矿物原料燃烧的能源，其共同特点是资源丰富，普遍具备可再生特性，没有污染或污染很少。目前，新能源行业主要用途为发电，可以分为可再生能源发电和核电，其中可再生能源发电又分为水电、风电、太阳能发电、生物质发电和地热能发电。

近年来，中国电能替代深入推进，2019 年 1～6 月全国累计完成电能替代量约 980 亿千瓦时，占全社会用电量的 2.9%。非化石能源[①]发电比重也在持续提升。据国家能源局统计数据，2019 年 1～6 月，全国 6000 千瓦及以上电厂发电设备容量 18.4 亿千瓦，同比增长 5.7%。其中非化石能源占比为 37.20%，同比提高 1.2 个百分点。2019 年上半年，非化石能源发电量占比为 27.3%，同比提高 2.1 个百分点；可再生能源发电量达 8879 亿千瓦时，同比增长 14%。

---

① 非化石能源：风电、水电、太阳能发电以及核电。

新能源产业集群主要分布在水资源丰富的沿海地区、日光照射强度大的地区和风力资源丰富的中西部地区，初步形成了以环渤海、长三角等区域为核心的东部沿海新能源产业聚集区，中西部地区则主要包括江西、河南、四川、内蒙古、新疆等省、自治区。

新能源产业具有前期投入大、投资回报周期较长、政策补贴和投资收益不稳定的特点，天然属于高风险、低收益的新兴行业，因此在没有国家政策支持的情况下，银行等传统金融机构很难主动为其提供金融支持。以风电为例，目前中国尚未出台明确的风电行业信贷配套支持政策，因而各大银行也缺乏进入该行业的动力，部分银行甚至将风电列为不予以信贷支持的行业中。除此之外，前期由于国家政策支持，资本蜂拥进入新能源行业，导致行业产能过剩，出现了大面积的弃风、弃光问题，使很多新能源项目贷款成为不良贷款。

2019 年 1 月 10 日，国家发展改革委和能源局联合下发通知，提出一系列举措积极推进风电、光伏发电无补贴平价上网，此举将推动新能源行业企业深耕细作、优胜劣汰，促进整个行业健康发展。

七、节能环保产业集群

节能环保产业，是指为节约能源资源、发展循环经济、保护生态环境提供物质基础和技术保障的产业，节能环保产业涉及节能环保技术装备、产品和服务。

节能环保产业已初步形成以环渤海、长三角、珠三角三大核心区域聚集发展的环保产业"沿海发展带"和东起上海沿长江至四川等中部省份的环保产业"沿江发展轴"。其中，长三角地区环保产业基础最为良好，是中国环保产业最为聚集的地区。目前，江苏、浙江、山东、广东、上海、北京、天津等省、直辖市的节能环保产值占全国的 50%以上。

近年来，节能环保产业继续保持稳定发展。据《2018 节能服务产业年度报告》，2018 年节能服务产业总产值为 4774 亿元，同比增长 15.1%；合同能源管理项目投资总额达 1171 亿元，同比增长 5.2%；节能服务项目形成年节能能力 3930 万吨标准煤，比上年增加 3.1%，形成年减排二氧化碳能力 10651 万吨。

融资难融资贵仍然是困扰节能环保产业发展的首要因素。节能环保产业属重资产行业，初始投资规模大、投资回报周期长，而中国众多中小节能环保企业缺乏融资能力，资金短缺严重。据统计，2018 年，52%的节能服务公司未获得外部融资，平均融资成本接近 10%，90%以上的节能服务公司存在不同程度的融资难和融资贵问题，且在去杠杆背景下，节能环保类上市公司受到较大冲击。

八、数字创意产业集群

数字创意产业是现代信息技术与数字创意产业逐渐融合而产生的一种新经济形态，是指以数字创意为核心，依托数字技术进行文化价值的创作、生产、传播和服务等活动，也包括运用数字创意和新技术提高传统文化附加值的活动。

数字创意产业集群主要分布在文化产业基础和科技创新能力较好的地区。目前已初步形成六大数字文化创意产业聚集区，包括首都数字文化创意集聚区，以上海、杭州、苏州、南京为核心的长三角集聚区，以广州、深圳为代表的珠三角集聚区，以昆明、丽江和三亚为代表的南部集聚区，以重庆、成都、西安为代表的川陕集聚区，以武汉、长沙为代表的中部集聚区。

八大战略性新兴产业的集群特征如表5-1所示。

表 5-1　　　　　　　　　　　　八大战略性新兴产业集群特征

产业集群	行业特征
新一代信息技术	供应链掌控能力不足；服务商能力有限，难以满足客户需求；配套设施不完善
高端装备制造	发展初期高投入、发展中期高风险、发展后期高产出
新材料	目前技术含量和附加值仍然较低；高风险、高投入、高回报、长周期
生物	资金密集型和人才密集型；高技术、高投入、高风险、高收益、周期长、垄断性；以中小企业为主，大型企业占比偏低
新能源汽车	规模经济、关联产业多、配套环节多、产业链长、技术及资本密集性；产能过剩；核心技术有待提升；基础设施缺乏
新能源	初始投资规模大；投资回报周期长；前期发展主要靠政策驱动；政策补贴和投资收益不稳定
节能环保	重资产，初始投资规模大；投资回报周期长
数字创意	发展时期短；核心产品难以评估；运营模式和持续盈利能力尚不成熟；轻资产，缺少有效的抵押物和质押物；投资回报风险高

资料来源：笔者整理。

5.1.4　中国战略性新兴产业集群的特征

战略性新兴产业集群不是单纯的创业企业家个体之间的社会关系网络，不是单纯的科研机构之间的技术网络，也不是单纯的产业内部的企业间关系，而是一种涵盖了战略性技术研发、新兴技术产业化、新兴产业网络化整个过程的具有知识传播、动态循环和创新扩散的组织间关系网络。战略性新兴产业集群具有以下几个基本特征。

创新驱动性。战略性新兴产业集群往往是那些刚萌芽的高端技术企业集群，这些集群企业由于掌握着核心技术或是关键技术，所缺乏的只是产业化与市场化的时间和相关管理经验的累积。所以，这些集群企业在整个产业链条中，尽管目前力量薄弱，但却是价值链中具有高附加值的部分，因而抗外部风险的能力也就更强。同时，集群企业核心技术和关键技术一旦突破，就会迅速带来相关技术的开发，使地区产业具有国际竞争力，呈现出创新驱动和产业战略价值的重要特征。

知识溢出性。包括集群内企业之间的知识溢出和集群内部知识向外部的溢出。一方面，在战略性新兴产业集群中，由于地理接近，企业间密切合作，一家企业的知识创新很容易外溢到集群内的其他企业，既有利于各种新思想、新观念、新技术和新知识的传播，又有利于促进知识和技术的转移扩散，由此形成知识的溢出效应。这一知识的溢出效应有利于集群内企业获取"学习经济"，增强企业的研究和创新能力，降低企业创新的成本，促进企业的增长。另一方面，集群所具备的范围经济和区域创新效应正是知识由集群内部向集群外部溢出的结果。战略性新兴产业集群中的战略性新创企业通过发挥示范和辐射作用，能够吸引更多的战略性新创企业及相关支持机构加入，壮大原有的产业集群，实现范围经济。在这个意义上，战略性新兴产业集群是集群与创业的有机结合。而随着大量创业企业在本地的集聚，区域经济也可以迅速做大。

产业放大性。由于地理位置接近，战略性新兴产业集群内部企业的竞争自强化机制将在集群内形成"优胜劣汰"的自然选择机制，这种竞争可以使企业间实现稀缺资源的最佳配置，刺激企业创新和企业衍生，培育企业家精神。而在产业集群内，企业在展开激烈市场竞争的同时又进行多种形式的合作，如联合开发新产品、开拓新市场、建立生产供应链等，由此形成一种既有竞争又有合作的合作竞争机制。这种竞争与协作所带来的外部的范围经济和规模经济是单个企业无法比拟的，具有产业放大的作用。通过这种合作方式实现高效的网络化的互动和合作，以克服单个企业内部规模经济的劣势，使其能够与比自己强大的竞争对手相抗衡。另外，由于集群地理集聚的特征，公共物品可以在集群内共享，资源在产业集群内具有更高的运用效率。发挥集群内企业的整体力量，加大广告宣传的投入力度，利用群体效应，容易形成"区位品牌"，获得单个企业所无法获得的整个产业的优势，从而使每个企业都受益。

发展不确定性。战略性新兴产业的技术创新和技术产业化具有极大的不确定性。不确定性意味着技术投资的风险性，一旦将人力、资本在不确定性的情况下投向某一技术研发领域，而最终却无法获得技术投资带来的收益时，一方面将造成人力、物质资源的巨大浪费，另一方面将降低企业进行技术创新投资的积极性，阻碍技术创新。但技术的不确定性特征也有一定的价值：不确定性的技术特征一方面为技术后发国家的技术跨越和技术赶超提供了机遇，使其在与发达国家的技术竞争与技术合作中有更大的发言权和影响力；另一方面，正是由于技术的不确定性特征才显现出战略性新兴产业集群存在的价值和必要性，集群内的企业可以通过联合投资分散技术创新的风险，共担技术投资的不确定性，共享技术创新带来的收益，以集群的整体力量促进技术的创新和演进。

5.2 中国新兴产业集群的发展模式

5.2.1 基于新兴产业集群形成驱动因素视角

与战略性新兴产业集群形成的基本因素——传统要素、要素效率以及新型要素相对应，有三类战略性新兴产业集群基本驱动模式：传统要素驱动型、效率驱动型以及新要素驱动型。需要特别指出的是，在三类驱动模式下，需要配置或者拥有的要素并不是互斥的，只是主导的要素有所差异。

一、传统要素驱动型

传统要素驱动型并不意味着传统要素是形成战略性新兴产业的唯一要素，而是指通过本地的劳动力、资本以及土地和区位上的先天优势，吸引创新要素入驻，或者形成自主创新体系，从而形成战略性新兴产业集群。传统要素驱动型意味着重点发挥资源禀赋优势和产业天然基础，依托政策优势或者要素成本优势推动构建创新体系，形成一定规模的集群。比如，我国早期的高端装备产业集群主要依赖于国家工业布局带来的基础优势以及本地劳动力、土地等传统要素支持；早期的生物医药、新材料产业集群则主要依赖于本地丰富的原料要素支持。

二、效率驱动型

随着经济发展阶段和产业结构变化，新兴产业集群的模式也在发生巨大转变。一方面资源、人口、投资等传统要素约束矛盾更加突出，另一方面仅仅依靠传统要素难以进一步提升集群产出效率，也无法形成新的竞争优势。为了提升集群的竞争力，必须更加重视以技术升级和创新为牵引，实现要素驱动向效率驱动转变。可以说，创新在效率驱动型集群中发挥着尤为重要的作用，包括科技创新、商业模式创新以及体制机制创新等。比如，进入21世纪以来，中国部分早期依赖传统要素驱动的生物医药产业集群开始向创新主导集群转型，企业纷纷加大新药研发力度，并带动集群形成了新的竞争优势。

三、新要素驱动型

伴随着全球新一轮科技革命浪潮，一批由新技术新要素驱动的新兴产业集群快速涌现。新要素驱动型，本质上也是由创新主导的，只不过相较于效率驱动型模式，其将数据、信息、知识等新生产要素扩大运用和高效使用，并作为推动集群变革发展的关键要素和最重要资源，最终提升集群的创新力和生产力。比如，贵阳的大数据集群、无锡的物联网集群等都是典型的新要素驱动型集群。

5.2.2 基于政府与市场引导作用视角

按照政府在战略性新兴产业集群发展过程中的作用大小，可以将其发展模式大致分为政府引导模式、市场主导模式和政府与市场相结合模式。

一、政府引导模式

政府引导模式是指由政府规划技术发展路线，筹建战略性新兴产业集群，通过制定产业政策对企业起着指导、引导和预测的作用。

政府引导模式的优点主要有三点。第一，战略性新兴产业集群的建设资金支持充足。一方面，政府会为产业集群建设提供部分资金支持；另一方面，有政府背书的产业集群更容易受到投资者的青睐。第二，政府可以借助合适的产业政策来支持和鼓励高风险、投资回报周期长的关键技术行业的发展，有利于我国战略性新兴产业的可持续发展。第三，在政府的号召下，可以发挥中国集中力量办大事的优势，能够在更短的时间内使战略性新兴产业集群快速发展起来。

除以上优点之外，政府引导模式也存在着几处弊端。首先，政府为鼓励新兴产业发展所制定的激励政策可能会使资本蜂拥进入，容易导致产能过剩问题。其次，战略性新兴产业集群往往具有较强的专业性和技术含量，其发展需要对未来科技的走向有比较准确的把握，而政府在这些方面并非专业，其所制定的发展路线可能并不是最适合的。再次，由政府引导形成的产业集群内部市场化程度较低，不利于产业内企业之间的竞争与发展。最后，地方政府为追求个人功绩，迎合中央政府的政策导向，可能会不考虑自身的资源禀赋而盲目进行产业集群建设，从而导致某些产业的重复建设。目前，中国各地都一窝蜂式似的将各大战略性新兴产业纳入发展规划之中，由此导致区域内部的同质化竞争，不仅造成了资源浪费，而且不利于培育企业协同创新能力和形成产业协同发展的良好态势。

近年来，中央和地方层面均推出多项政策来促进国家战略性新兴产业集群的发展。

在中央层面，2018 年 6 月，国家发展改革委与中国建设银行签署《关于共同发起设立战略性新兴产业发展基金的战略合作备忘录》，双方将共同发起设立国家级战略性新兴产业发展基金，该基金将投向新一代信息技术、高端装备新材料、生物、新能源汽车、新能源等战略性新兴产业领域。2018 年 9 月，财政部、国家税务总局、科技部联合发布《关于提高研究开发费用税前加计扣除比例的通知》，提出企业研发费用未形成无形资产计入当期损益的按照实际发生额的 75% 在税前加计扣除，形成无形资产的按照无形资产成本的 175% 在税前摊销。从短期而言，研发费用加计扣除比例的提升有利于提高科技创新型企业业绩。从长期来看，会鼓励企业重视研发、重视创新，对于科技创新驱动型的新兴产业（如半导体、5G、新能源汽车、云计算、生物医药等）有较强的促进作用。同月，国家发展改革委发布了关于对《战略性新兴产业重点产品和服务指导目录》2016 版征求修订意见的公告，充分体现了国家层面对战略性新兴产业的重视。

2018 年 4 月，国家发展和改革委员会与中国进出口银行签署支持战略性新兴产业发展的合作协议，中国进出口银行将在"十三五"期间，为企业提供不低于 8000 亿元人民币融资，支持新兴产业集群发展。

在地方层面，多地正在加快探索新的产业政策手段，促进新兴产业发展。比如，2018 年 11 月，深圳发布《关于进一步加快发展战略性新兴产业的实施方案》，从技术、资金、人才、准入、监管、标准、知识产权等方面对新兴产业发展提出系统谋划，设立市级战略性新兴产业发展专项资金，采用多元化扶持手段，支持相关单位组织实施创新能力建设、产业化、应用示范推广、产业配套服务体系建设等项目。9 月，上海市发布了《关于加快推进上海人工智能高质量发展的实施办法》，通过集聚人工智能领域人才、深化数据资源开放和应用、深化人工智能产业协同创新、突破关键核心技术，推进人工智能示范应用等，建设国家人工智能发展高地。

2019 年，战略性新兴产业发展政策红利将进一步释放，未来国家和地方政策可以在三个方面重点着力：一是扩大产业投资基金支持新兴产业发展；二是营造创新创业投资环境促进新技术孵化；三是新技术、新产品、新模式的应用推广，比如加快形成智能医疗、智能驾驶等一批人工智能深度应用场景，建设一批应用示范项目。

二、市场主导模式

市场主导模式则是指由市场资源引导产业发展趋势和产业创新效益的发挥，政府只是作为服务者发挥协调作用，而不干预企业的发展。

与政府引导模式相比，市场主导模式的优点主要在于能够营造良好的竞争环境，有利于资源的有效配置和创新发展。市场主导模式的典型为"产学研"模式，即企业、高等院校和科研机构三方进行合作，共同进行技术或行业模式创新的产业集群发展模式。在产业集群的发展过程中，产学研模式使不同主体能够充分发挥各自的作用与优势。企业是所有创新和技术的最终使用者，是技术产业化的主体；科研机构在科学研究和前沿技术信息方面则更具优势；高等院校则能够为企业和科研机构源源不断地输送高质量人才。

但是，资本天然的逐利特性导致市场可能过于追求快速变现后套利退出，缺乏长远投资的战略定力。而战略性新兴产业集群往往投资回报周期较长，这种投融资期限的矛盾造成了企业融资难融资贵的问题。除此之外，与下游产业相比，处于产业上游的核心关键技术由于研发结果不确定性较高，往往难以获得投资者和企业的青睐，因此单纯的市场力量不利于战略性新兴产业的核心技术突破，进而有碍相关产业未来的发展。

三、政府与市场相结合模式

政府与市场相结合是指一方面由政府引导产业集群的发展规划，另一方面市场也在资源配置中发挥作用。以韩国为例，韩国政府制定了《韩国 2015 年产业创新战略》，通过各项政策来支持国内战略性新兴产业的发展。但同时，为防止政府的过度干预，韩国政府对政府涉及产业发展的范围作出了明确的限定，仅在促进技术开发、提供人才需求和产业用地以及存在市场失灵现象的领域发挥作用，而在其他领域为企业留出了充足的自主选择空间。这种发展模式一方面能够发挥政府推动战略性新兴产业集群发展的积极作用，同时又避免了因政府过度干预可能产生的竞争不足、创新动力不足等阻碍产业可持续发展的问题。

5.2.3 八大产业集群发展模式选择分析

由于战略性新兴产业普遍具有高技术水平、高附加值、重研发等特点，无论采取何种模式，都离不开政策的支持，因而政府的作用贯穿于战略性新兴产业集群的各个发展阶段，但政府应当主要侧重于在高科技产业的初创阶段向产业发展提供支持，并依据集群不同发展阶段的需求适时调整支持方向。在集群成长初期，由于集群内企业规模较小，因而政府参与和干预能够为集群的快速成长创造条件，此时采取政府引导模式更为有效。而当集群步入成熟阶段，产业集群在发展空间和集群管理上需要更多的自主性，政府适当退出和转变支持方式，就成为集群发展的良好外部制度环境支撑和保障性因素，此时选择市场主导模式更为合适。除此之外，针对大型企业和中小企业的不同特点及从均衡发展的角度考虑，政府应当对大型企业和中小企业采取有差别的支持方式，侧重于扶持由于国家资本市场的不完善而使企业融资受到限制的中小企业。

除了集群所处的发展阶段之外，集群发展模式的选择还应当考虑新兴产业的行业特点。从行业特点来看，对那些初始投资规模较大的行业，应当采用政府引导模式，充分发挥政府在调配社会资源方面的优势，集中力量推动这类产业集群的形成与发展。对于那些核心技术亟待攻克、供应链部分环节严重依赖进口的新兴产业来说，应当采用政府与市场相结合模式，一方面借助政府的力量使更多资本参与关键技术的研发与行业创新，另一方面政府应当为企业创造良好的竞争环境、留出充足的自主选择空间，通过"产学研"合作模式，促进核心技术的研发。从发展阶段来看，中国战略性新兴产业集群发展时间较短，大多仍面临着核心技术缺失、技术含量和附加值低的问题，且尚未形成完善的基于知识生产和创造的创新服务体系，因此尚未到采取市场主导模式的合适时机。

结合 5.1.3 中对中国八大战略性新兴产业集群的特点分析，高端装备制造产业、新能源产业、节能环保产业由于初始投资规模较大，应当采用政府引导模式；而新一代信息技术、生物产业、新能源汽车产业由于处于核心技术突破的关键阶段，新材料行业和数字创意产业由于技术含量和附加值仍有待提高，应当采用政府与市场相结合模式（见表5 - 2）。

表 5 - 2   八大产业集群发展模式选择

产业集群	产业集群特点	适宜的发展模式
高端装备制造、新能源、节能环保	初始投资规模较大	政府引导模式
新一代信息、生物、新能源汽车	处于核心技术突破的关键阶段	政府与市场相结合模式
新材料和数字创意	技术含量和附加值仍有待提高	

资料来源：笔者整理。

5.3　中国新兴产业集群发展的路径

5.3.1　在规划引导下发展

规划是政府解决重大社会经济问题和实现资源合理配置的重要手段。在新兴产业的发展过程中，市场需要政府通过制定国家和地方性新兴产业发展规划，来引导新兴产业的发展方向和空间布局，并在一定程度上创造新的市场需求。中国早已出台指导战略性新兴产业发展的纲领性文件，引领着战略性新兴产业的发展方向。"十二五"期间，战略性新兴产业从"培育"走向"壮大"，在全国的分布也从"星星之火"渐成"燎原之势"。中国新一代信息技术、高端装备制造、新能源、生物、新材料、新能源汽车、节能环保等战略性新兴产业得到快速发展。新一代信息技术、生物、新能源等领域的一批企业的竞争力进入国际市场第一方阵，高铁、通信、航天装备、核电设备等国际化发展实现突破，一批产值规模千亿元以上的新兴产业集群有力支撑了区域经济转型升级。为了进一步发挥集聚发展这一发展形态对于促进战略性新兴产业的重大作用，国务院印发的《"十三五"国家战略性新兴产业发展规划》首次对未来中国战略性新兴产业的区域集聚布局进行了统筹谋划，配合国家区域发展总体战略深入实施，通过推进分级发展，打造产业策源地，壮大产业发展集聚区，培育产业特色集群，在全国形成点面结合、错位发展、协调共享的产业发展新格局。到2030年，战略性新兴产业将发展成为推动中国经济持续健康发展的主导力量，中国将成为世界战略性新兴产业重要的制造中心和创新中心，形成一批具有全球影响力和主导地位的创新型领军企业。

5.3.2 选择条件良好的区域聚集产业

近年来，中国战略性新兴产业发展较快，不仅形成了一批具有国际领先水平的产业集聚区，还在全国广泛形成了各有特色的产业集聚，这主要是由于中国具有产业聚集的良好条件，根据不同地区的原有产业基础和各种社会经济条件因地制宜，集聚发展。首先，技术、人才、经济发展水平和自然资源是决定战略性新兴产业集聚的基本条件。从现有战略性新兴产业分布的雏形来看，有些产业主要是以技术、人才和地域的经济发展水平形成集聚，如新一代信息技术产业、新能源汽车产业、生物产业、高端装备制造产业等；而有些产业则是靠资源环境形成集聚，如新能源产业、新材料产业等。这表明一个地区现代制造业的基础和经济发展水平对战略性新兴产业的布局有着重大影响。现在，中国东部地区由于技术、人才优势，集聚的战略性新兴产业资源较多；西部地区由于资金、人才等相对薄弱，集聚的战略性新兴产业较少，且主要是资源型新兴产业；而中部地区则呈现出了技术、资源混合型的集聚特征。其次，大型国有企业和领军企业推动了地区战略性新兴产业集聚的发展。从现有格局看，中国战略性新兴产业的布局主要由大型国有企业或行业中的领军企业主导。由于技术、人才、资金以及政策方面的优势，大型国有企业的影响力大，资源组合能力强，故其基本左右了现阶段战略性新兴产业的集聚和布局。哪里有大型企业，哪个地域的大型国有企业多，哪个地区就形成了战略性新兴产业的集聚。大型国企带来的各种优势和资源，很大程度地带动了该地区战略性新兴产业的集聚和发展。最后，各地区根据地区优势形成了不同的新兴产业集聚。总体表现为经济发达地区战略性新兴产业分布差异较小，欠发达地区战略性新兴产业分布差异较大。由于东部地区经济发达、产业基础较好、资金实力雄厚、人才集中、产业布局相对均衡，战略性新兴产业均有不同程度的集聚；而经济欠发达的中西部地区受原有经济基础、人才、资金、地方产业规划等的影响，新兴产业分布出现较大的差异性，产业分布较为狭窄，但由于中西部地区开阔，矿产、生物、风力、太阳能等自然资源丰富，所以集聚的多为具有一定比较优势的新能源产业、生物制药产业等。

5.3.3 依托城市群发展产业集群

中国战略性新兴产业集群发展的另一特色是依托城市群发展。随着《"十三五"国家战略性新兴产业发展规划》的出台，中国七大主要城市群依据各自的产业基础和优势，均开始部署战略性新兴产业的发展。从区域发展格局来看，战略性新兴产业主要集中在东部沿海地区和经济发达地区，中西部地区近年来正在快速崛起，初步形成以长三角、环渤海、珠三角以及长江中上游四大产业集聚区的发展格局。

京津冀地区的战略性新兴产业发展迅速，以北京为核心，依托大院大所集聚等优势，在电子信息、新能源、新能源汽车、新材料、生物医药、航空航天、节能环保等领域发展较快，涌现出若干影响力较大的产业集聚区，是全国新兴产业发展的策源地。这主要得益于该地区良好的经济基础和政策支持。北京是中国的政治文化中心和决策中心，天津是北方的经济中心，地理位置、产业基础、政策支持、人才教育等各方面都处于绝对优势。同时，京津冀地区的整体创新能力在国内有着明显的比较优势，其各类创新资源的富集程度、创新产出的规模和质量、各类创新主体的发育水平在全国都居于领先地位，是中国战略性新兴产业集群发展的重要基地。"十三五"规划明确提出要加强京津冀经济与科技人才联动，形成辐射带动环渤海地区和北方腹地发展的战略性新兴产业发展共同体。

长三角城市群产业基础坚实、基础设施完善、人才聚集、区位优势明显、政策支持力度大，在新一代信息技术、高端装备与新材料、新能源等领域拥有一批实力较强的龙头企业，产业体系完备，因此是战略性新兴产业集群发展的良好基地。较为突出的是，上海、无锡、杭州、宁波等城市在生物医药、物联网、云计算、海洋工程、石墨烯等领域拥有较强实力。产业集群充分发挥了长三角城市群的优势作用，以上海、南京、杭州、合肥、苏锡常等都市圈为支点，力图构筑点面结合、链群交融的产业发展格局。

以广东省为核心的珠三角地区，移动互联网、新能源汽车、生物、数字创意等产业蓬勃发展，大量新技术、新业态、新产业快速兴起。2017 年珠三角城市群携手香港、澳门成立粤港澳大湾区，将依托香港、澳门、广州、深圳等中心城市的科研资源优势和高新技术产业基础，重点培育新一代信息技术、生物技术、高端装备制造、新材料四大战略性新兴产业，联合打造产业链条完善的战略性新兴产业集群，从而带动区域经济转型发展。

依托黄金水道长江经济带建设，发挥长三角城市群的引领作用，构筑点面结合、链群交融的产业发展格局，促进长江经济带上中下游地区协同发展，加快促进战略性新兴产业发展空间从沿海向沿江内陆拓展。长江上游形成了以成都、重庆为双核的成渝板块正成为以电子信息、光电子、硅基新材料等为主导战略性新兴产业新增长极，有力支撑了中西部地区经济转型升级。长江中游城市群主要以武汉、长沙、合肥和南昌为核心，在新一代信息技术、生物产业和高端装备等领域发展迅速，目前武汉光谷的集成电路和光电、长株潭的轨道交通装备和数字创意、安徽合肥的新型显示和人工智能、江西的航空装备和中药制造等都已成为全国具有优势的产业集聚区。西北地区集聚了大部分的风电项目和太阳能光伏发电项目。中原城市群目前正在加快建设生物医药、先进材料、电子信息、机器人、新能源和新能源汽车等产业集群。以西安为核心的关中平原城市群依托领先的科教资源和军工科技，在航空航天、新材料、新一代信息技术等战略性新兴产业发展迅猛，是全国重要的装备制造业基地、高新技术产业基地、国防科技工业基地。

除上述主要城市群之外，黔中南城市群的贵州大数据以及海峡西岸城市群的福州集成电路集群也是目前中国发展较快的主要战略性新兴产业集群。针对近年来较为落后的东北地区，规划指出要推动其大力发展机器人及智能装备、光电子、生物医药及医疗器械、信息服务等产业，以沈阳、大连、哈尔滨、长春为支点，支持东北地区城市群打造国内领先的战略性新兴产业集群，带动区域经济转型升级。

但在发展的同时，中国各地区战略性新兴产业的发展存在着较为严重的重复建设现象，各地都一窝蜂似的将各大战略性新兴产业纳入发展规划之中，由此必然导致区域内部的同质化竞争，不利于培育企业协同创新能力、形成产业协同发展的良好态势，不利于中国战略性新兴产业集群向"创新体系集聚阶段"发展。例如，京津冀地区和成渝两市均存在产业布局高度重合、区域内部呈现出竞争大于合作的态势，集群内部并未形成专业化分工格局，产业链协调发展情况较差。为此，长三角提供了较为良好的可行方案。为降低长三角各地市产业同质化程度，避免过度竞争，影响战略性新兴产业的协同发展，各地市确定了当地战略性新兴产业发展的侧重点，遵循比较优势，实现错位竞争。① 目前，长三角地区通过持续加深开放合作、加快产业转移和承接，已经形成了一批具有功能互补特点的产业集群，产业分工格局初步形成。总体来看，长三角地区在产业协同发展方面主要采取以下三种形式：第一，区域内不同城市在同一产业中的功能不同，有些负责研发设计，有些则主要负责生产；第二，区域内不同城市分别以细分产业作为该城市的主要发展方向；第三，各地区之间紧密合作，建立各色协同创新中心、产业联盟、技术转移交易平台等组织，共同推动长三角地区战略性新兴产业的发展，有助

① 穆一戈. 长三角战略性新兴产业协同发展模式与机制研究［D］. 上海：上海工程技术大学，2015.

于培育区域内协同创新能力和集群建设。

5.3.4　坚持基础设施先行

现代化的基础设施是战略性新兴产业赖以生存发展的基础条件，也是其参与国际竞争不可缺少的条件。在中国战略性新兴产业发展过程中，所需的基础设施既包括土地、水、电、环保、金融、送输、通信等，也包括创新载体、创新平台等科技基础条件。政府对这些软硬件的建设投入越多，扶持力度越大，要素资源流动就越通畅，材料产品的进出就越方便，也越有利于推动技术创新与新兴产业的发展①。中国之前对战略性新兴产业基础设施建设的重点是通过系统规划和投资建设实现产业基础设施、产业服务体系的配套，为战略性新兴产业发展提供良好的硬件环境。例如，针对电动汽车运行的基础设施不成体系问题，建立一定数量的公用充电站，并配备专用电缆及充电桩。针对太阳能发电和风电发电并网遇到的电网基础设施问题，积极部署配电、输电环节的智能电网研发，规划智能电网在中国的应用②。而所有硬件设施的建设都离不开政府对战略性新兴产业大规模的资金支持，通过设立国家融资担保资金和政府引导基金等方式来吸引有关地方政府、金融、投资机构和社会资本，支持新兴产业企业的发展。例如，深圳市智能机器人产业园区建立国家级产业引导基金，并引导地方设立基于本地优势和政策特点的专项配套资金，来支持园区的建设和发展。宁波高新区为建立宁波新材料联合研究院，建立了宁波市科技金融服务中心和政策性引导基金，负责建设维护科技金融信息服务平台，从而实现科技金融服务机构和科创企业之间的直接交流与对接。

从世界和国内的经济发展经验看，每当经济面临下行压力时，基础设施建设便成为发展经济的重要动力。在中国对战略性新兴产业传统基础设施建设已经比较完善和建设边际效益趋减的情况下，国家对新兴产业基础设施建设的重点转向 5G、人工智能、工业互联网、物联网等新一代基础设施建设。例如，中国超级计算机"天河二号"，不仅为大企业提供服务，有需要进行超算的中小企业和个人也都可以申请，试用阶段用户可免费获得不超过 10 万核小时的试用。并且为了方便用户使用，超算中心将对用户进行超算方面的培训，另外还大力研发应用软件。这为新一代信息技术等战略性新兴产业的发展提供了极大的便利。另外，5G 是万物互联的信息高速公路，2019 年 3 月 30 日，全球首个行政区域 5G 网络在上海虹口建成并开始试用。上海提出在 2019 年要强化新一代信息基础设施核心能力建设，充分发挥 5G 的网络支撑和应用赋能作用，打造 5G 网络建设先行区、创新应用示范区和产业集聚区，并计划年内将建成超过 1 万个 5G 基站。同时，北京市也启动全市 5G 基站建设，截至 2019 年 5 月底，北京地区共建设完成了 5G 基站 4300 个，主要覆盖区域为城市核心区、冬奥会相关园区、世园会、北京大兴国际

---

① 李媛. 中国战略性新兴产业的成长机制与实证研究 [D]. 天津：南开大学，2013.
② 朱迎春. 政府在发展战略性新兴产业中的作用 [J]. 中国科技论坛，2011（1）：20－24.

机场及典型应用场所等。5G 网络下，每平方千米链接的物联网终端数量将达到 100 万个，速度是 4G 的 10 倍。这将极大地改变人们的生活方式，并将极大推动各产业的发展速度，为战略性新兴产业的发展带来机遇和更大的发展平台。除此之外，中国政府也在加强人工智能、工业互联网、物联网等新一代基础设施的建设。

第6章

以金融改革创新支持推进新兴产业集群

【摘要】在战略性新兴产业集群的发展过程中，中国的金融支持面临诸多挑战，需要对大型商业银行主导的金融结构进行改革，鼓励创新，为新兴产业集群发展的不同阶段、不同产业环节提供匹配对口的金融产品；克服资本市场"重大轻小""重公轻私"的偏好，加大扶持战略性新兴产业领域的中小型企业，为高风险、轻资产的高科技企业提供必需的金融服务。还应加大政府的政策扶持，健全风险补偿机制。

6.1 新兴产业集群金融支持深度分析

6.1.1 基于产业类型视角的金融需求

中国战略性新兴产业总体实现平稳较快发展，增速持续高于经济总体，朝着壮大发展目标稳步前行。从工业部分来看，2015—2018 年，全国战略性新兴产业规模以上工业增加值年均增速达到 10.1%，高于同期规模以上全国工业总体 3.8 个百分点。在创新驱动发展战略引领下，战略性新兴产业重点行业、重点企业创新投入持续提升。2018 年，战略性新兴产业上市公司平均研发支出达到 2.2 亿元，同比提升 19.4%，同期研发强度达 6.9%，高出上市公司总体 1.8 个百分点。

我国的八大战略性新兴产业都处于发展的初期，其发展依赖重大技术突破，存在技术研发风险、技术转化风险以及他国技术对自主研发技术挤兑的风险，需要巨额可持续的资金投入和风险管理支持。然而，不同的产业发展的要素组合、环境、基础存在差异，呈现出不同的特点，需要具体分析它们的金融需求，提供与之相匹配的金融服务（见表 6 - 1）。

表 6 - 1 中国部分新兴产业融资需求特点及模式

产业	产业融资需求特点	产业融资模式特色（部分）
新一代信息技术	产业重点环节包括技术研发和产业化，投资回收周期长，技术风险突出，技术研发实体的资产以知识产权等无形资产为主	产业投资基金 中长期贷款
生物	产业投入主要用于新产品的研究开发及厂房的建造和设备仪器的配套方面	IPO
高端装备制造	装备制造产业中技术密集度最高的产业，处于产业链的核心部位，属于知识技术密集型、多学科多领域交叉行业，具有很强的竞争力	技术改造贷款 中长期贷款
新材料	行业整体资产负债率不高，企业资金来源主要为自有资金，研发及生产设备的初期投入较大，需要大量资金支持，具有较高的技术和市场风险，信用等级处于较低水平，且可抵押资产比较少	风险投资基金

产业	产业融资需求特点	产业融资模式特色（部分）
节能环保	具有公益性强、资金需求大、投入周期长、见效慢的特点	项目融资模式 绿色信贷 绿色信托
新能源	具有初期投入高、研发转化成功率较低、投资回报期长、投资风险较高等特点	债券 融资租赁
新能源汽车	国内产业具有突出的"政策驱动"发展特征	汽车租赁 债券
数字创意	中小企业居多，缺少有效的抵押物、质押物，由于企业规模小、资金投入大、承担风险能力弱、价值评估难等先天缺点，导致融资渠道狭窄	知识产权质押融资 投贷联动

资料来源：《工业和信息化蓝皮书：新兴产业发展报告（2017—2018）》。

一、高端装备制造产业集群

高端装备制造产业包括智能制造设备产业，机器人是智能制造装备产业的一个重要分支。机器人既是先进制造业的关键支撑装备，又是改善人类生活方式的重要切入点。据公开数据，2017 年，国内机器人相关项目投资热度高，项目数量约 80 个，总金额近 600 亿元。其中，项目投资阶段以 VC（风险投资）为主，服务机器人成为投资热点，占比为 69%，物流机器人、教育机器人、医疗机器人成为资本关注重点；单项融资规模以千万元级为主。大型投资并购频发，主体企业最活跃：2017 年，机器人相关业务企业对外披露发起 43 起投资并购项目，其中近 75% 发生在国内，其余为自动化水平较高的欧美国家；从总体并购规模来看，最为活跃的是机器人本体企业。

高端装备制造业是典型的发展初期高投入、发展中期高风险、发展后期高产出的行业，因此在其培育和发展的初期阶段，需要系统性的政策支持。财政税收政策是政府支持包括高端装备制造业在内的战略性新兴产业发展的主要措施和重要手段。

二、新一代信息技术产业集群

新一代信息技术产业主要包括下一代信息网络产业，电子核心产业，新兴软件和新型信息技术服务，互联网与云计算、大数据服务，人工智能。本部分主要选取人工智能产业和电子信息产业进行分析。

1. 人工智能发展现状及融资需求分析

近年来，国内资本持续加码人工智能领域，但多集中在应用层，且早期介入能力不强，过于追求快速变现后套利退出，缺乏长远投资的战略定力。而位于技术基础层的 AI 初创企业由于投资回报期较长，较少得到投资者的青睐，易面临资金断裂危险。例如，人工智能芯片从投入研发到规模化生产平均需要 7 年时间，其间很难产生商业回报，初创企业仅靠自身研发投入难以为继。然而当前我国在 AI 基础理论、核心关键技术积累薄弱，核心算法、芯片及基础元器件的掌握与国外差距较大，缺乏重大原创科技成果。核心环节受制于人，不利于国内企业参与国际竞争，也使国民经济和国家安全存在远期隐忧。[①] 因此，应当采取措施给予技术基础层的 AI 初创企业更多资金支持，以确保我国 AI 产业的长远发展。

2. 电子信息产业发展现状及融资需求分析

目前，我国电子信息产业仍面临核心技术、元器件、原材料、装备等薄弱环节的影响，供应链掌控能力不足，从而导致供应链面临较高的风险。电子元器件行业发展需要大量的资金和人才支持。电子元器件尤其是新型电子元器件、电子专用设备仪器、集成电路、高储能和关键电子材料，对技术水平要求较高，前期需要较高的研发投入，且研发成果的不确定性也加大了前期投资的风险程度，导致投资回收周期较长。以集成电路为例，每一次技术升级和产品更新都需要几百亿元甚至上千亿元的巨额投资，属于绝对的资本密集型行业。目前，我国主要采取政府设立产业发展基金的方式来支持电子元器件行业的发展，通过政府引导基金来撬动社会资本，加大对行业的投资。

三、新材料产业集群

新材料是指新出现的具有优异性能和特殊功能的材料，或是传统材料改进后性能明显提高和产生新功能的材料。与其他战略性新兴产业相同，新材料产业具有高风险、高投入、高回报、长周期等特性，这与银行等传统金融机构的服务对象有较大差异，因而资金供需缺口较大、融资成本较高。从投资主体来看，市场化 VC/PE（私募股权与风险投资）机构、战略投资者（大型产业集团、上市公司等）及政府投资平台（即产业基金）均是新材料产业重要的投资主体。此外，由于行业风险较高，社会资本投资较为谨慎。从投资案例数来看，2013—2018 年上半年，目前新材料产业投资阶段主要分布在成熟期、扩张期，占比分别达到 45.6%、39.2%，合计占比约 84.8%；而种子期、初创期累计分别为 19 起、64 起，占比均不到两成。[②]

四、生物产业集群

生物医药产业是知识和技术密集型的高科技产业，具有高技术、高投入、高风险、高收益、周期长、垄断性等基本特征，是国家经济发展的支柱性产业。从融资层面来看，生物医药产业作为高新技术产业，具备资金密集和人才密集两大特点，形成了特定的商业融资模式，主要有以下几种：私募股权融资模式是全球新兴产业相对成熟的融资模式；证券市场融资仍是主流的融资模式；银行信贷是较为传统的融资模式，生物医药产业作为新兴产业，发展尚不成熟，所以银行融资难度较大。医药产业本身具有高投

① 赛迪智库. 2019 年中国工业和信息化发展形式展望系列报告：194 – 195.
② 前瞻产业研究院. 2018—2023 年中国新材料行业市场前瞻与投资战略规划分析报告，https://www.qianzhan.com/analyst/detail/220/181130 – 15a77634. html.

入、高风险和周期长的特点，再加上引入风投机构和证券市场融资的难度较高，不确定性较大，银行融资成功率低，企业间合作成为可行的融资方式，主要通过企业间研发合作与专利转让两种方式来筹集资金。同时，生物医药产业作为新兴产业，受到政府相关产业政策的重视，所以各国政府都会予以一定的政策补贴。但是政府支持补贴只能起到一定的示范作用和象征意义，并非企业融资的主要来源。

对生物医药产业融资模式的融资规模和融资难度进行分析，可以将企业的发展周期与融资模式进行匹配。但是中国生物医药企业多为中小企业，在实际发展过程中，融资难的问题依然十分突出。

五、数字创意产业集群

数字创意产业的融资特点主要表现为两点，一是行业融资规模比例显著提升，以自筹资金为主。分行业来看，互联网信息服务、影视制作发行、网络游戏、广告创意代理、互联网内容制作五个行业融资规模最大。从资金来源来看，行业融资以自筹资金为主（占比约为90%），自筹资金渠道逐步多元化，直接融资占比提升。二是金融机构加大对数字创意产业的资金支持力度。数字创意产业具有发展时期短、核心产品难以评估、运营模式和持续盈利能力尚不成熟等行业特征，以及轻资产、投资回报风险高等财务特点，在传统银行信贷思维和模式下，获取贷款较难。近年来，银行业金融机构围绕数字创意企业"创意、版权"等核心资产，积极加快信贷创新，解决行业抵押品不足的问题。

数字创意产业的金融支持主要来自两方面，一是政策性金融支持，主要是政府为引导金融机构支持该产业所提供的宏观政策方面的支持。我国政策性金融支持只采用政策性贷款或者贴息等传统的较为落后的方式，尚未充分发挥政府信用的投资引导和杠杆作用。二是商业性金融支持，各金融机构在微观层面为数字创意产业提供金融产品和服务，以推动数字创意产业的发展。由于数字创意产业主要依靠知识产权和创新驱动，具有高风险、轻资产等特征，金融机构对该产业的投资态度较为谨慎。但是数字创意产业作为战略性新兴产业，对各国经济增长和经济结构调整转型具有重要意义，因此各国都在积极推动金融机构支持数字创意企业的发展。商业性金融支持数字创意的方式与各国金融体系相关，市场主导型的国家对数字创意产业的金融支持侧重于直接融资，而银行主导型的国家主要是通过间接融资。但无论是市场主导还是银行主导，商业性金融支持常关联着政府支持。我国风险补偿机制和商业性金融中介服务尚不完善，需要政策性金融和商业性金融支持相互联动来支持数字创意产业的发展。

6.1.2　基于发展阶段视角的金融需求

与新兴企业发展相对应，集群的发展也会经历形成、发展、优化不同阶段，在集群发展的不同阶段，集群内部的企业、产业链、研发创新等具有不同的特点，金融需求和金融投资风险也存在差异，所需要的金融支持方式也各不相同（见表 6 - 2）。

表 6 - 2　　　　　　　　　　　新兴产业不同阶段的特点及金融支持

阶段	特点	金融支持
形成阶段	• 企业较少，分工协作较弱 • 上下游企业聚拢不明显 • 集群相对封闭 • 研发和技术创新不确定性大 • 金融投资风险较高	✓ 政府基金 ✓ 风险投资
发展阶段	• 聚集企业较多，逐渐协作分工 • 产业链上配套企业和服务机构开始聚集 • 集群扩大并逐渐开放 • 研发和技术创新逐渐成熟 • 金融投资风险降低	✓ 银行信贷 ✓ 股权融资 ✓ 债权融资 ✓ 保险 ✓ ……
优化阶段	• 企业高度聚集和互动 • 相对稳定和完整的产业价值体系 • 集群实现跨地域互动 • 研发和技术转化较为成熟 • 金融投资风险较低	✓ 资本市场 ✓ 货币市场

资料来源：笔者整理。

在战略性新兴产业集群的形成阶段，集群内聚集的企业较少，企业间分工协作、上下游企业聚拢不明显，集群整体相对封闭，研发和技术创新能否被市场接受并在技术日新月异的市场中脱颖而出存在较大不确定性，金融融资和投资风险较高，此时能够吸引的多为风险投资，需要政府资金的帮扶和引导。

在战略性新兴产业集群的发展阶段，集群内聚集的企业数量明显增多，企业之间更加注重分工协作，吸引产业链上配套企业和服务机构聚集，集群规模不断扩大并且开放度提高，研发和技术创新逐渐成熟，金融和投资风险逐渐降低，银行信贷、股权融资、债券融资、保险等开始进入，金融支持逐渐多样化。

在战略性新兴产业集群的优化阶段，集群内企业高度聚集，企业间形成良性互动，建立了相对稳定和完整的产业价值体系，集群规模较大且开放度较高，实现集群跨地域互动，研发和技术较为成熟，集群内企业品牌效应显现，信息透明度高，投资风险较低。因此，在企业日常经营周转过程中，银行间债券市场短期融资券、商业票据、银行承兑汇票等对企业信用等级要求高、市场约束力强的短期融资工具将得到广泛应用，更好地发挥货币市场的资金池作用；此外，在该阶段企业多考虑通过上市、并购等金融融资扩大企业规模，资本市场的作用日渐凸显。

识别新兴产业集群的阶段性特征对金融资源的流动和配置十分重要，有利于各方金融支持力量突出问题导向，强化靶向发力，在优化资源配置、壮大新兴产业两个方面实现双赢。

6.1.3 基于创新发展模式视角的金融需求

创新是新兴产业集群的核心驱动因素，按照创新发展模式可以将集群分为巨头引入型、升级创新型、融合创新型、引进创新型、自主创新型，多样化的创新发展类型催生了多样化的融资需求，从而对金融服务提出了不同的要求（见表6-3）。

表6-3　　　　　　　　新兴产业集群不同创新发展模式的融资需求

集群类型		特点	金融支持	案例
巨头引入型		• 引入核心巨头企业 • 创新路径明确 • 不确定性较低	政策金融 银行信贷	合肥平板显示集群
升级创新型		• 依托既有产业基础和要素 • 内生性创新 • 不确定性较低	银行信贷 资本市场	美国洛杉矶电影产业集群 吉林通化中医药产业集群
融合 创新型	渗透式融合	• 不确定性相对较低	股权融资 债权融资 资本市场	法国里昂新能源汽车集群 深圳电子制造业集群
	改造式融合	• 可形成跨越式发展		
	延伸式融合	• 可替代性较高		
	重组式融合	• 资产专用性较高		
引进创新型		• 引入有创新能力的创业者 • 发展路径不明晰 • 产业尚不成熟	风险投资 政策金融	北京互联网产业
自主创新型		• 内生性创新 • 高不确定性 • 投资风险高	风险投资	德国慕尼黑生物产业集群

资料来源：笔者整理。

巨头引入型集群通过引入核心巨头企业作为创新源头，为从事新兴产业生产的巨头核心企业匹配其所需的要素资源，并给予相当力度的政策支持，产业的创新不确定性较低，创新的路径相对比较明确，需要政策金融和银行信贷的支持，如中国合肥通过引入京东方，建设平板显示集群。

升级创新型集群依托已有的产业基础或要素禀赋的优势进行内生创新，从本地优势产业基础出发，明确升级路径，创新的不确定性较低，资本市场、银行信贷等均可以为其提供良好的资金支持。依托好莱坞强大的电影产业基础建立的美国洛杉矶电影产业集群，依托长白山丰富优质的中草药资源和当地雄厚的医药产业基础建立的吉林通化中医药产业集群就是典型代表。

融合创新型集群不确定性较低，但可替代性较高和资产专用性相对较高，库存在一定风险。国内学者宋佳益（2009）认为，新兴产业融合包括渗透式融合、改造式融合、延伸式融合、产业内部的重组式融合四种，此时需要资本市场支持其进行兼并收购等促进产业融合，有效引导资金流向融合创新型产业集群，激发更多的技术创新活动。

引进创新型是以人才资源为依托推动形成的产业集群，从区域外引入有一定创新能力的创业者而不是成熟企业作为创新源头，具有较高不确定性，发展路径不明确，产业尚不成熟。例如，21 世纪初中国北京的互联网产业，留学归国人员带回雅虎、谷歌等海外互联网企业发展的经验，结合中国互联网市场需求与发展特点，创办了由搜狐、网易、新浪等企业组成的互联网产业集群。

自主创新型集群是从无到有形成自主创新型新兴产业集群，创新源头出自本区域，具有极高的不确定性，因此需要风险投资等风险容忍度高的金融资金进行有效支持。如德国慕尼黑生物产业集群，从汽车、电子、酿酒等传统工业产业集群中诞生并快速发展，一跃成为欧洲"基因谷"。

6.2　中国战略性新兴产业集群的金融支持现状

6.2.1　以间接融资为主

我国是银行主导的金融体系，银行是支持我国经济发展最重要的金融力量，也是支持战略性新兴产业的主导力量。

一、银行在支持战略性新兴产业中发挥重要作用

一是扩大信贷规模，提供资金支持。银行通过完善信贷管理制度，制定专门针对战略性新兴产业的差别化信贷管理政策，培育战略性新兴产业专业金融服务团队，量身定制差异化的金融服务。例如，灵活运用多种手段优先安排、审批和发放贷款；提供优惠利率贷款；充分考虑知识产权、商誉等无形资产价值，企业家个人信用等非财务因素，改革信用评级体系。截至 2019 年 6 月末，银行业对实体经济发放贷款余额为 146.92 万亿元，占社会融资规模存量的比重为 68.89%。其中绿色贷款余额 8.22 万亿元，重点支持节能环保、新能源、新能源汽车等战略性新兴产业。

二是创新银行产品，改进融资模式。加大推广商标专用权、专利权、版权等知识产权质押贷款业务，大力支持自主知识产权研发项目；有效利用并购贷款和股权质押贷款支持企业兼并重组，鼓励企业集团加大投资力度；围绕战略性新兴核心企业、全产业链开展供应链融资产品创新设计，有效满足战略性新兴产业在研发、生产、流通、销售等各个环节的融资需求；针对战略性新兴产业中小企业多、融资需求旺等特点，创新保理保函和信用证抵押贷款、仓单质押贷款、应收账款抵押贷款等融资产品，探索企业、银行、信用评级机构三方联动机制，提高战略性新兴产业中小企业的融资能力。

三是优化审批流程，完善金融服务。通过完善"信贷工厂"模式，银行以专业化分工、标准化运作和差异化管理加快贷款发放速度。针对战略性新兴产业中小企业多、融资需求"急、频、短"的特点，实行"无纸化、24小时"网上审批，下移审批权限，提供循环提款服务，尽力满足中小科技企业的融资需求。银行还运用自身优势，为新兴产业企业提供市场、管理、人才咨询方面的"一揽子"金融服务。

二、大型商业银行发挥主力军作用

中国工商银行、中国农业银行、中国银行、中国建设银行、交通银行等大型商业银行拥有中国近一半的银行资产，它们在发展战略性新兴产业、推动产业转型升级方面无疑是主力军。大型商业银行积极响应政府倡导的制造强国战略、"大众创业、万众创新"、"互联网＋"等行动计划，深入推进信贷结构优化，加大对互联网、新能源汽车、新材料、高端装备制造、人工智能等重点行业和战略性新兴产业的信贷支持，服务一批具有创新能力的排头兵企业。主动介入新能源、高端设备制造、新材料、互联网等新兴行业，根据企业的经营特点、金融需求，创新产品和金融模式，与其他金融机构合作，拓宽金融支持渠道，支持培育和发展新兴产业集群。

中国工商银行出台《积极稳妥推动制造业融资业务发展实施方案》等政策文件，加强对高端制造业企业的融资支持力度。还在北京、江苏、浙江、深圳等新兴产业集群地区设立了十多家特色支行，深入研究科创企业的全生命周期金融需求，出台了"工银科创·启航计划"综合金融服务解决方案。

中国银行发挥国际业务优势，先后与腾讯、阿里巴巴、百度、携程、京东等联网龙头企业开展境外银团合作，创新在线产业链综合金融方案，为近千家客户提供结算、融资等产业链综合服务。实施差别化信贷政策，对具有核心技术、产品质量稳定可靠的新能源汽车企业，进一步加强支持。截至2018年末，中国银行战略性新兴产业信贷余额4470亿元，占全部公司信贷余额的8.38%。

中国农业银行修订了信贷政策，通过遴选战略性新兴产业中的重点企业，组织分行逐户进行专项金融服务。2018年为新兴产业企业发放贷款余额3220亿元，较年初增长152%。中国农业银行还利用基金管理的丰富经验，参与设立国家制造业转型升级基金，支持企业开展研发和技术进步。此外，中国农业银行与宁波市政府签订全面战略合作协议，成立十多家科技支行和响应制造强国战略的专业服务支行，为该地区的新兴产业集群提供强大的金融支持。

中国建设银行战略性新兴产业和高技术行业贷款较快增长。2018年末，绿色贷款余额为1.04万亿元，绿色贷款共计为新增客户投放1708.8亿元，完成可持续发展债券发行10亿美元。2018年设立的"建行大学"充分整合社会资源，与国内外多所高校组建成立"新金融人才产教融合联盟"，打造产教融合的孵化平台、创新与应用的撮合桥梁；探求金融教育的新模式和现代金融的新路径，为新兴战略产业发展培养亟需的人才。

交通银行紧跟《"十三五"国家战略性新兴产业发展规划》，引导重点拓展铁路及轨道交通装备、航空航天装备等我国重点战略性制造业，择优支持高档数控机床、工业机器人、核电装备、高端输配电、生物医药、通信系统设备、高性能医疗器械等先进制造业领域；重点支持战略定位清晰、自主研发能力强、资本实力雄厚、具有规模或品牌优势的龙头企业，以及掌握关键核心技术、技术产业化产品较为成熟、具有商业可持续性的项目，助力打造"制造强国"。

6.2.2 直接融资为更多高科技企业提供资本金

直接金融通过证券市场直接融资渠道将储蓄转化为资本，通过市场化运作促进资金在不同行业、不同企业间的转移。直接融资模式中由于投资者的投资偏好和投资渠道具有多样性，可为风险较高的新兴产业企业提供资金支持。

一、资本市场渠道

在资本市场进行直接融资，投资者可以参与获取剩余索取权，深入了解融资企业的经营管理状况，减缓信息不对称的问题。与银行贷款相比，资本市场与战略性新兴产业，尤其是处于发展早期的战略性新兴产业融资需求特征具有高度的匹配性。通过IPO，可为经营状况优良、具有增长潜力的企业筹集资金。通过二级市场的股权转让和并购重组，帮助优势企业整合存量资产和资源，扩大经营规模，培育新兴产业集群所需的龙头企业或核心企业。资本市场的高竞争性和高流动性，也符合创新性企业的资金运行特征，有助于创新性企业或项目的融资。尤其是，市场主导型金融模式强制要求参与主体企业进行信息披露，有利于规范企业行为，健全公司治理。

近年来，中国资本市场稳步发展，资源配置和服务实体经济的能力不断增强，主板、中小板、创业板、新三板、四板等多元化投融资体系逐步建立，为战略性新兴产业发展注入动力。Wind 数据显示，2018 年在 A 股市场 IPO 企业数量排在前列的行业中，计算机、通信和其他电子设备制造业 IPO 企业有 14 家，募集资金占比为 29%；专用设备制造业 9 家，募集资金占比 9%；软件和信息技术服务企业 7 家，募集资金产比 9%；化学原料及化学制品制造业企业 7 家，募集资金占比 4%；电气机械及器材制造业 7 家，募集资金占比 7%（见图 6 - 1、图 6 - 2）①，反映出了 A 股市场上高新技术企业的活跃。

国家信息中心统计数据显示，截至 2018 年底，A 股上市公司中共有 1515 家战略性新兴产业企业，占上市公司总体的 42.5%，较 2015 年末提升了 1.1 个百分点。2015—2018 年，战略性新兴产业上市公司营收平均增速高达 15.8%，高于同期上市公司总体增速 2.7 个百分点，引领带动作用突出。2018 年，战略性新兴产业上市公司营收占上市公司总体比重达 12.3%，较"十二五"末提升 0.9 个百分点。

---

① 根据招股日期统计，包含主板、创业板、中小企业板。

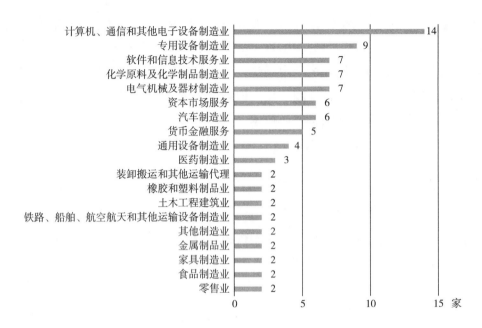

图 6 - 1　2018 年 A 股市场细分行业 IPO 企业数量

注：本表只列出 IPO 在 2 家（含）以上企业的行业。

数据来源：Wind。

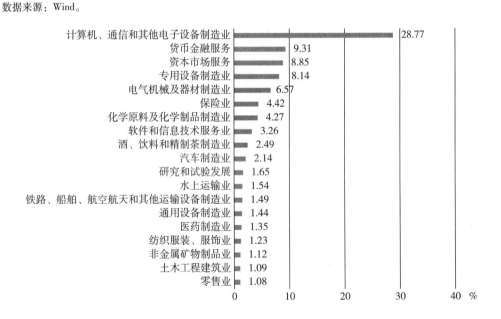

图 6 - 2　2018 年 A 股市场细分行业 IPO 企业募集资金情况

注：本表只列出 IPO 在 2 家（含）以上企业的行业。

数据来源：Wind。

二、风险投资渠道

战略性新兴产业具有高成长性、高创新性、高风险性等特征，正好与风险投资的投资方向、投资对象、投资方式、投资特点相吻合，风险投资在战略性新兴产业发展初期具有其他金融渠道无法比拟的优势。风险投资在促进高新技术产业集群形成和发展的过程中，有以下几个方面的功能：一是市场筛选功能，它突出了市场决定的作用，风险投资在选择投资对象时要看该企业的样品、样机或专利是否具有良好的市场前景和潜力，是否具有完整可行的工业化生产方案，在专家反复推敲、论证的技术基础上再加以确定，一旦确定即付诸实施；二是企业培育功能，风险投资一方面提供企业亟需的、难以从其他渠道获得的长期性资本，另一方面肩负着输入管理技能、知识经验、市场资讯资源的责任；三是风险分散功能，风险投资体系提供了高新技术成果转化过程中的风险社会化承担的机制；四是产业导向功能，风险投资体系从某种程度上是政府和民间资本融合的产物，在这个融合过程中，政府通过补贴、税收优惠等方式的介入，体现政府的产业政策意图；五是风险投资还能起到整合的作用，由于风险投资不只是投资一家企业，而是投资处于同一行业的企业，因此风险投资可以起到行业整合和产业规划的作用，从而防止高新技术产业集群的无序和重复建设问题。

风险投资是一种体现专业化投资的重要制度，在实践中对行业的不了解、不熟悉是风险投资家对项目进行价值判断的最大障碍，因此大多数风险投资公司会选择熟悉的产业进行投资，以方便提供咨询和管理服务，只有少数的、拥有不同领域专家的大规模的风险投资公司才会选择同时向四五个不同产业投资。风险投资的专业化特点增强了高新技术产业集群的生命力，并且保证了高新技术产业集群的可持续发展。风险投资具有地域和行业集聚特征，大多数集中在高新技术产业，并且主要集中在几个重点行业，这与战略性新兴产业集群发展特征相契合。根据《中国风险投资年鉴 2015—2016》，2016 年我国风险投资机构数最多的三个地区分别是上海、北京、深圳，分别拥有 2013 家、1887 家、1328 家风险投资机构，风险投资机构总数占全国的 48.22%，活跃风险投资机构数 621 家，占全国的 68.47%。风险资本之所以出现地域上的集聚性，原因在于北京、上海和深圳拥有最多的高新技术产业集群，云集了风险投资青睐的好的项目、好的技术和好的创业者。

6.2.3　保险及其他

一、保险

保险是社会生产和社会生活的稳定器，具有经济补偿、资金融通等功能，与经济的各行各业、社会的各个领域、生活的各个方面都有着密切的联系。近年来，保险公司创新产品，发挥市场分散风险的功能，积极支持战略性新兴产业发展，成为推动新兴产业集群发展的重要力量。

1. "首台套"保险制度

高端装备制造是第四次技术革命中主要国家竞争的焦点，是国家核心竞争力的重要标志。然而，高端装备制造需要重大技术突破，投入大，而且在达到量产前质量稳定性较弱，潜在用户对业绩空白的高新技术产品的性能、质量不了解，不敢购买，造成新兴产业企业整套高价值技术装备市场推广难题。因此，保险公司进行了产品创新，推出"首台套"保险产品。发挥保险补偿功能，以市场化方式分散用户风险，为了打消用户的顾虑，增加用户采购首台套的信心，实现制造业和保险业互利共赢的局面。根据《首台套重大技术装备综合保险条款》的规定，保险公司主要的承保范围是重大技术装备的质量风险和责任风险。在保险期间或保险单载明的追溯期内，被保险人制造销售的保险装备因存在质量缺陷，导致用户单位在操作使用过程中发生意外事故，造成保险装备自身损坏或人身伤亡、其他财产损失，由用户单位在保险期间向被保险人索赔，依法应由被保险人承担的修理、更换、退货等经济赔偿责任，保险人按照保险合同的约定负责赔偿。

2015年3月3日，工业和信息化部、财政部、中国保监会三部委联合组织了首台套重大技术装备保险补偿机制试点的会议，率先将清洁高效发电、轨道交通等14个领域的设备纳入试点范围，基本涵盖了装备制造业发展较为迫切的主要重大技术装备。江苏省74家高端装备制造企业进行了"首台套"投保，企业在"首台套"保险的支持下，销售普遍增长。其中明峰医疗X射线计算机体层摄影设备"Scint Care CT16"、优亿医疗器械"可视喉镜"、好络维医疗技术"支持远程三级医疗慢病管理的便携式心电采集仪"获首台套政策支持以来，企业销售收入分别增长215.5%、96.3%、47.9%。徐工集团2016年共投保12类55台产品，保费731万元，2017年继续加大投保力度，已投保费1553万元。有保险公司护航，企业卖产品的底气更足了，用户购买产品的信心更强了。得益于保险公司的支持，江苏省经济转型升级平稳发展。

2. 新材料保险

新材料已经成为电子信息、高端装备制造等下游领域高端产品质量的"卡脖子"环节。由于新材料在进入市场的初期需要经过长期的应用考核，产品应用、测试、评价等需要投入大量人力、物力，资金、时间成本较高，加上用户使用新材料也存在较大风险，导致新材料产品推广应用困难，"有材不好用，好材不敢用"现象普遍存在，严重影响了新材料成果转化应用和新材料产业发展整体水平的提升。为了解决这一难题，保险公司推出了新材料首批次应用保险补偿机制（以下简称首批次机制），旨在充分利用市场化手段，对新材料应用示范的风险控制和分担作出制度性安排，突破材料应用的初期市场瓶颈，激活和释放下游行业对新材料产品的有效需求。

与"首台套"保险机制一样，首批次机制坚持"政府引导、市场化运作"原则，工业和信息化部发布《重点新材料首批次应用示范指导目录》（以下简称《目录》），保险公司为《目录》内产品定制新材料保险，明确保险险种及保障范围。责任限额可根据采购合同金额以及产品可能造成的责任损失额来确定，最高可达合同金额的5倍（最高不超过 5 亿元）。新材料生产企业自主投保，中央财政适当补贴投保企业保费。

2018 年版《目录》包括先进基础材料、关键战略材料、前沿新材料三大类，166 项新材料产品。获得支持的新材料具有以下特征：一是在品种、规格、性能或技术参数等有重大突破，具有知识产权；二是已完成产业化开发建设，尚处于市场验证或初期应用阶段；三是技术含量及附加值高，市场前景广阔，应用风险较高。

二、融资租赁

融资租赁是一种特殊的金融业务，是指出租人根据承租人对租赁物和供货人的选择或认可，将其从供货人处取得的租赁物按融资租赁合同的约定出租给承租人占有、使用，向承租人收取租金，最短租赁期限为一年的交易活动。融资租赁相对于传统的融资方式而言具有一些特有的优势：其一，融资租赁可以克服银行间接融资顺经济周期的弊端，融资租赁合同的期限和条款较为稳定，能够稳定地为企业提供支持；其二，融资租赁能够在一定程度上解决银行信贷的"道德风险"问题，由于融资租赁提供的是实物而不是资金，可以有效避免贷款方用银行资金从事高风险活动；其三，融资租赁交易成本较低，手续简单且期限一般较长，能够使企业在较长时间段内分摊成本，缓解了企业一次性投入大量资金的财务压力；其四，提高企业经营效率，化解产能过程的难题，对于出租方而言，出租房的设备和厂房等资产能够不断地循环出租给不同的承租方，从而获取利润，而对于承租方而言，既不用占用承租方的大量资金，又不用占用承租方的库存，不会造成承租方的过度投资，并有利于承租方即时更新换代设备和技术，进而在市场空间争夺中获得主动权。

战略性新兴产业一般具备前期投入较大、投资回收期较长等特点，特别是新能源中的风电、水电、核电以及半导体、新材料等重资产行业，产业发展前期都需要巨额的资金支持。融资租赁模式能够使这些产业投资初期的资本支出大量减少，有效缓解战略性新兴企业成长初期所面临的资金困境。

三、组合金融

不同类型的金融支持各有利弊，将多种融资方式组合起来，并配合一定的政策支持（针对战略性新兴产业的外部性），以权益类融资和政策支持性资金撬动资金规模更大的传统融资模式，是推动战略性新兴产业发展的重要金融手段。

1. 多种金融方式合作，开展融资流程改造

（1）商业银行与国家开发银行合作，经过对战略性新兴产业中的科技企业进行审批并向开行开具保函后，由开行发放贷款并获得约定的利息收益，确保更多科技企业获得贷款。（2）创新信贷模式，对战略性新兴产业进行捆绑式授信管理，通过联保贷款将战略性新兴产业上下游的多个企业捆绑在一起进行授信，增强了信息对称性和客户稳定性，缓解中小型科技企业融资难问题。（3）银行信贷与财政、保险资金合作。推出"信贷快车""瞪羚计划""信用保险及贸易融资试点"等以财政资金为支点的融资方案，

创造了"财政＋金融""财政＋保险"等支持战略性新兴产业发展的新模式①。

2. 多种融资工具组合，推动供求高效对接和匹配

（1）信贷与信托合作，开拓新渠道推动信贷规模增长，为发挥信贷资源优势，某些商业银行与信贷机构开展合作，依据集合信托计划受让信托公司向科技企业发放的信托贷款，并直接计入银行表内业务。（2）信贷与创业投资合作。贷款与 PE/VC 投资企业合作，前移介入周期。如某些银行与多家创投机构签订合作框架协议，开发并推出投贷一体化产品，为具备高成长性、盈利模式清晰且已有 PE/VC 投资进入的科技企业建立投贷一体化高效对接机制。（3）银行与证券、保险、租赁等机构加强合作，形成了融资支持链。如商业银行联合证券公司专门为中关村科技园区内的节能环保、信息技术、生物、新材料等新兴产业客户推出"投保贷"业务，充分发挥银行、券商的优势，为企业提供从银行贷款、股权投资到辅导上市等"一条龙"金融服务。（4）开展金融综合经营，全方面满足不同发展阶段的战略性新兴产业的金融需求。一些重点政策性银行机构通过成立证券、租赁等多个非银行金融机构，根据市场情况和自身情况，提出了"投、贷、债、租"相结合的多元化方式，使处于不同发展阶段的战略性新兴产业企业均有相应的金融产品支持，既满足了战略性新兴产业融资业务快速增长的需要，同时又有效控制了风险。

6.2.4　金融供给存在的短板

一、金融结构性缺陷，中小企业融资难

从我国的金融结构来看，银行信贷是最主要的融资方式（见图 6－3），与全球主要国家相比，我国"银行主导型"金融模式的特征明显，因此如果没有银行信贷的有效支持，就很难发挥金融对战略性新兴产业支持的效应。但是银行在支持战略性新兴产业方面存在天然缺陷。从企业角度分析，在银行主导的金融模式下，企业在考虑投资项目时要预留更多的预期利润空间，从而不利于激励企业通过创新获得长远的成长机会。从银行角度分析，银行为了保持从现有企业获得稳定的利润，可能会拒绝为高风险的新兴企业提供资金支持，从而造成经济中出现的信贷配给问题。同时，由于银行的委托代理链条较长，使其在提供贷款的时候更注重企业的信用记录、财务报表等"硬信息"，往往忽视或者不愿考虑企业的商誉、技术等无形资产"软信息"，这一特征导致银行信贷对高技术产业的天然排斥。战略性新兴产业中的高科技公司大多为中小企业，正处于生命周期中的种子期和初创期，需要大量资金投入公司研发，但其具有较高的研发风险和产品市场化风险，与我国"银行主导型"的金融机构难以匹配，导致战略性新兴产业常常

---

① 余剑. 战略性新兴产业融资模式安排的理论逻辑与政策框架：基于外部性、不确定性及错配视角的研究［J］. 金融监管研究，2013（2）：62－80.

面临融资难、融资贵等问题，商业银行的实质性信贷支持力度有限，成为制约战略性新兴产业融资的主要瓶颈。

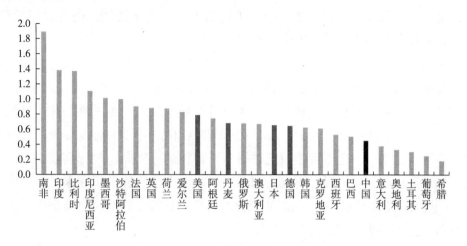

图 6 – 3　2017 年全球主要国家"股市规模/信贷规模"对比

数据来源：World Bank（世界银行），CEIC（香港环亚经济数据有限公司），IMF（国际货币基金组织）。

自战略性新兴产业发展以来，虽然多数银行将战略性新兴产业作为优先支持的项目类别，但在实际操作中，传统上商业银行贷款对象习惯聚焦大型国有企业，近年来尽管在积极推动普惠金融，但针对科技型中小企业真正的优惠政策并不多，科技型中小企业很难从商业银行获得资金。银行对待战略性新兴产业的发展与对待一般项目没有实质区别：商业银行总行在对具体办理该信贷业务的分支机构的考核中，并没有在其内部资金转移定价等方面采取实质性的鼓励措施予以支持，具体办理业务的分支机构也因此无法获得相对优惠的内部转移资金价格，导致一线业务人员没有足够的动力开展战略性新兴产业领域的企业和项目营销。

二、新兴产业轻资产，传统金融不匹配

新一代信息技术、高端装备制造、新材料、生物、新能源汽车、节能环保和数字创意等战略性新兴产业具有轻资产特点，难以通过抵（质）押方式获得贷款，同时在企业发展初期由于没有建立完善的财务信息和信用评价，难以获取银行信用贷款，而且我国知识产权融资等新型融资方式发展有待完善。

一方面，银行业以"安全性"为第一遵守原则，居于"营利性"之前，战略性新兴产业因为其"战略性"和"新兴性"，对于资金的需求量巨大却又难以提供银行贷款所需的担保物品和连续盈利的财务报告，所以银行体系对战略性产业的支持一直难以提高。科技型战略性新兴产业在发展初期，企业信息透明度低，通过平常的渠道很难收集到企业相关的信息，使投资人对这些企业望而却步，想要进行风险投资，却难以对企业的技术含量进行判断；财务管理制度不健全，财务管理不规范，账目随意性较大，收益和成本不具有可信性。以财务报表真实性为前提的道德信用尚未建立，不具备信用贷款的基础，为了防范风险，银行只有寻求以企业资产信用为前提的贷款方式，但是科技型中小型企业无法提供足够的可抵（质）押或担保的有形资产，难以从金融机构获得债权性融资，虽然一些科技型企业以专利技术进行质押，但由于评估价值及登记手续烦琐，银行等金融机构也不愿意接受无形资产担保。

另一方面，银行对由政府引导的知识产权质押融资顾虑颇多，如银行对知识产权认识不清，既缺少对技术层面的认识，也缺少对市场的把握。即便这两点都不存在问题，企业的财务状况、运营水平、行政能力等都有可能导致风险，更关键的是，要把蓝图上的知识产权项目转变成实实在在的产品，在这个产业化的过程中有太多无法预知和防范的风险，而银行是不会，也不可能对此进行一一评估的。因此，现行实践中一些商业银行在发放知识产权质押贷款时，不仅要求专利等知识产权质押，还要求科技型中小企业提供其他一些抵（质）押资产，从而使银行的这种创新贷款产品对科技型中小企业来说只是"看得见、摸不着"，实际意义不大。

三、金融服务同质化，产品创新不足

战略性新兴产业中不同产业以及产业发展的不同阶段，其金融需求是多样化的，需要不同的金融服务和金融产品。我国商业银行普遍存在着产品同质化趋势严重的问题，在发展战略、经营理念、管理方式、市场定位和金融产品等多方面基本雷同。在营销客户的过程中，金融服务的同质化制约了银行竞争力和盈利水平的提升。我国现阶段的金融服务同质化与金融产品创新不足难以满足战略性新兴产业多样化的金融需求。

适应战略性新兴产业特点的信贷产品较为缺乏。一方面，以不动产抵押贷款为主的银行信贷业务显然不适应战略性新兴产业的特点。处于技术研发和产业化初期环节的战略性新兴产业领域中的企业，其资产以知识产权等无形资产为主，无法采用有效的固定资产抵押等担保方式，银行与企业的对接显然存在较大的障碍。另一方面，银行信贷部门对战略性新兴产业的认识和理解还不够深入，针对战略性新兴产业的金融产品创新的能力和动力不足。目前，虽然部分银行针对科技型企业群体的特点，在原有不动产抵押贷款为主的基础上，推出了各种形式的动产质押类贷款以及自助可循环和整贷零偿贷款等新产品，但拓展的空间和力度还不够。

适合战略性新兴产业特点的证券类金融技术和产品缺乏。虽然2007年以来，我国在固定收益类产品方面推出了中小企业集合债、中小企业短期融资券和小企业集合债券信托基金等新品种，但覆盖的范围还非常小，产品设计与运作模式还有待继续完善。另外，我国适用于早期发展阶段的科技创新型企业的债券产品极为缺乏，无法满足处于初期阶段的战略性新兴产业发展的需要。

四、政策性引导和扶持有待加强

战略性新兴产业投资风险高、不确定性强、成长周期长和技术资金需求性大等特点，决定了它不同于其他普通产业，政府推动、财政政策和技术创新政策等的支持不可

或缺。特别是在战略性新兴产业孕育阶段和发展初期，政府的引导和推动尤其重要。

当前我国在战略性新兴产业的发展过程中市场机制的缺陷主要体现在：在财政政策方面，普遍存在着资金使用及管理分散、重点领域投入不足、缺乏稳定的投入支持机制等问题；在税收政策方面，由于战略性新兴产业具有人力资本、研发给用占比高，新技术新产品初期进入市场难度较大等特点，在税收政策上给予相应的优惠，但相关激励政策尚不健全。一方面，政府的支持和引导是战略性新兴产业发展的基础和坚实后盾，虽然我国已经出台了诸多扶持战略性新兴产业发展的政策，但在具体落实时，有些时候政府对市场信号把握不足，在资金投入上更追求经济发展，致使战略性新兴产业发展不能得到足够的资金支持，不利于我国战略性新兴产业的整体培育和产业机构的优化升级。另一方面，与战略性新兴产业发展相适应的政治体制、法律体系、科技体系等方面还不健全，有些时候只能采用旧的体制、旧的方法来发展战略性新兴产业，不利于战略性新兴产业的发展壮大。

政府偏重于扶持国有大中型企业，把国有大中型企业作为经济发展战略的重点，在税收政策、法律制度以及银行贷款等方面给予诸多支持，而对中小型企业的扶持力度相对较弱、优惠政策相对较少，在一定程度上导致中小型企业难以摆脱融资困境。由于有关中小企业的政策法规尚未出台，中小企业发展的政策环境不完善，制约了中小型科技企业的发展。

6.3 几个成功的金融支持模式

6.3.1 北京：银行信贷创新＋新三板

北京市充分发挥技术创新对经济发展的引领作用，以中关村一区十六园为引领，以中关村科学城、怀柔科学城、未来科学城和北京经济技术开发区"三城一区"建设为重点，培育形成战略性新兴产业集群。2018年北京市工业和软件信息服务业合计实现增加值8323.6亿元，占全市地区生产总值的27.4%，十大高精尖产业实现营业收入32548亿元。

中关村发挥人才、技术、资本"三驾马车"要素集聚优势，推动新兴产业发展，形成人工智能、医药健康、工业互联网三大特色产业集群。人工智能、医药健康和工业互联网企业规模较大、资金需求旺盛，并且具有一定的可抵押质押资产，与银行信贷资金相匹配。同时，作为新三板市场的发源地，北京不断完善新三板建设，为创新型、创业型和成长型中小微企业提供重要的资金融通平台。

一、银行信贷创新

战略性新兴产业是高技术、重资金产业，我国银行业的独特优势使其成为支持战略性新兴产业的主导力量。但银行传统信贷模式与战略性新兴产业的特点难以匹配，北京通过银行信贷模式创新和产品服务创新，有效化解战略性新兴产业集群融资难问题。

1. 投贷联动的先试先行

中关村示范区是我国创新创业最为活跃的区域和政策先行先试的试验田，也是开展投贷联动试点的首批地区之一，中关村不断创新金融支持新兴产业产品和服务，完善投贷联动机制，有效解决科创企业融资难问题。

2016 年底，国家开发银行与北京中关村重点科创企业北京仁创生态公司签订"投资＋贷款"合同，资金用于该企业科技绿色循环产品设计研发，标志着全国首单投贷联动支持科创企业项目正式落地。2018 年北京银行牵头设立"北京银行中关村投贷联动共同体"，包含以北京银行为代表的金融服务机构，北京市重点产业领域领军企业，以创新企业为投资标的的知名投资机构，以及服务创新创业企业的各类平台、协会、组织四类机构，在京搭建创新创业融合生态圈。此外，还将围绕北京市和中关村示范区战略定位，扶持"双创"；围绕北京市"高精尖"经济结构，在信息技术、生物医药、新能源、文化创意等多领域持续深耕，促进金融与实体经济互相支持、支撑，推动产业内创新创业型企业加速发展。"共同体"成立后，在债转股、股转债、"认股权＋贷款"、"直投＋贷款"、"投资基金＋贷款"等方面联合探索更多的创新产品。未来三年内，北京银行将通过信贷、投行等金融业务，投放投贷联动资金超过 2000 亿元人民币，共同体也将培育中关村科技创新创业企业超过 3000 家，形成科、产、金联动支持创新创业企业的新体系，打造股权投资、债券融资联动支持创新创业企业的新模式。

2. 银行信贷产品服务创新

银行信贷是支持中关村新兴产业发展的重要金融力量，国有大型商业银行、地方商业银行以及民营银行针对中关村科技型中小企业初创期、快速成长期、稳定发展期等不同发展阶段，在信贷机制、营销机制、管理机制等方面进行大胆创新，支持北京战略性新兴产业发展（见表6－4）。

表6－4　　　　　　　　　　　北京市主要银行信贷创新

银行	信贷创新	银行	信贷创新
中国银行	"中银信贷工厂" 中小企业金融服务中心 战略业务单元（SBU）中小专业服务团队	北京银行	"零信贷" "成长贷" "智权贷" "前沿科技贷"
中国工商银行	"创业之路" "成长之路" "上市之路" "卓越之路"	中关村银行	创业通 加速通 认股权贷款

资料来源：互联网，笔者整理。

中国银行北京市分行简化授信业务、减少贷款环节、提高专业化，在控制风险的同时，大大缩短业务流程，全面对接中关村园区，先后成立 10 家中小企业金融服务中心和 4 家战略业务单元 (Strategic Business Unit, SBU) 中小专业服务团队，为中关村战略性新兴产业提供有效的金融支持。

中国工商银行北京市分行提出"创业之路""成长之路""上市之路""卓越之路"系列金融产品，内容涵盖融资、结算、投行、个金、私人银行、电子银行等综合金融服务，大力发展科技企业贷款、结算、投行、电子银行等业务，解决科技型中小企业融资难等问题。

北京银行中关村分行 60% 以上的客户为科技型企业，陆续开发出"零信贷""成长贷""智权贷""前沿科技贷"等科技信贷产品为独角兽企业、瞪羚企业、展翼企业、创投机构投资企业等提供精准服务。

作为民营银行的中关村银行定位于"创业者的银行"，重点与优秀的孵化器、加速器，顶尖的天使投资人、创投机构和 PE，大型企业的双创平台和投资部门三类群体合作，打造以科技金融为特色，以数据驱动为核心的智能化、综合性创新科技金融服务平台，提供创业通、加速通和认股权贷款 3 款产品为创新创业企业提供针对性的金融支持。

二、新三板

新三板是一个创新型、创业型、成长型中小微企业的专属平台，最早于 2006 年发源于北京中关村，2013 年底扩大到全国，成为全国性的场外交易市场。根据中关村上市公司协会发布的《2018 中关村新三板企业成长力报告》①，中关村新三板融资能力不断提高，已经成为支持中关村战略性新兴产业发展的重要力量（见表 6 - 5）。

表 6 - 5　　　　　　　　　　中关村新三板行业规模

行业	数量（家）	总市值（亿元）		总资产（亿元）	
		总数	平均数	总数	平均数
信息传输、软件和信息服务业	571	2243.75	3.93	891.46	1.56
金融业	18	1723.99	95.78	1583.38	87.97
租赁和商务服务业	147	764.20	5.20	730.98	4.97
制造业	295	753.20	2.55	702.06	2.38
文化、体育和娱乐业	91	487.95	5.36	204.08	2.24
科学研究和技术服务业	94	293.02	3.12	158.60	1.69
批发和零售业	77	219.76	2.85	221.83	2.88
建筑业	26	102.65	3.95	74.27	2.86
教育	38	68.29	1.80	27.09	0.71
水利、环境和公共设施管理业	22	51.37	2.33	46.75	2.12

资料来源：《2018 中关村新三板企业成长力报告》。

---

① 2018 年 6 月 29 日发布，中关村上市公司协会新三板分会，http://www.sohu.com/a/241800267_675334。

截至 2017 年底，中关村新三板挂牌公司 1618 家，总市值达 6827 亿元。代表战略性新兴产业的信息传输、软件和信息技术服务业一直是中关村的优势行业，2017 年信息传输、软件和信息技术服务业占上市企业的四成，有 571 家，总市值达 2243.75 亿元，其中软件和信息技术服务业企业有 428 家，互联网和相关服务企业有 132 家。此外，高端制造业总数达到 295 家，新经济企业聚集特征明显。

6.3.2 上海：风险投资＋科创板

近几年，上海市依托庞大的消费市场和消费结构升级，抓住自贸区制度红利，在多样化和市场化的金融支持下，加强创新驱动，推动经济转型升级，初步形成了以服务业为主体，以战略性新兴产业为引领，以先进制造业为支撑的现代产业体系。2018 年，上海全年工业战略性新兴产业总产值 10659.91 亿元，同比增长 3.8%，增速高于全市规模以上工业 2.4 个百分点，其中，生物增长 9.8%，新一代信息技术增长 5.8%，高端装备增长 5.7%，新能源汽车增长 5.4%，新能源增长 2.5%，节能环保增长 2.1%，新材料下降 1.9%。上海在生物医药、集成电路和人工智能等领域聚集了一批先进企业，在长三角区域引领新兴产业布局。信息技术、人工智能、生物医药产业多具有高风险、高收益特点，因此吸引风险投资聚集。同时，为了产业结构进一步转型升级，完善资本市场结构，近期推出的科创板给上海战略性新兴产业集群建设带来的机遇也拭目以待。

一、风险投资

风险投资的投资方向、投资对象、投资方式、投资特点与战略性新兴产业具有高成长性、高创新性、高风险性等特征正好吻合，因此在支持战略性新兴产业发展方面具有突出作用。而且风险投资具有追逐高新技术的特点，因此具有行业和地域集聚性。根据《中国风险投资年鉴 2015—2016》2016 年上海市融资企业行业分布，互联网、IT、电信及增值仍然位列前三，金融、医疗健康、文化传媒分列第四、第五、第六名。

同时，上海还设立上海市创业投资行业协会，协调组织从事创业投资、投资管理、投资咨询公司，律师、会计师事务所等中介服务机构，银行、证券公司等金融机构，还有创业企业及孵化机构等，为创业投资提供各项服务，协助开展创投机构与创新企业之间的投融资对接，协助初创科技型新兴产业获取风险资金支持。

二、科创板

科创板俗称"四新板"，是上海建设多层次资本市场和支持创新型科技型企业的产物，也是我国产业升级、经济转型战略在资本市场的体现。科创板设置更为灵活的上市标准以满足不同企业的需求，设置多元包容的上市条件，允许符合科创板定位、尚未盈利或存在累计未弥补亏损的企业在科创板上市，允许符合相关要求的特殊股权结构企业和红筹企业在科创板上市。通过注册制解决 A 股审批发行时间过长的问题，有助于消除我国资本市场痛点，推进产业结构升级，运用资本市场力量推动经济转型。

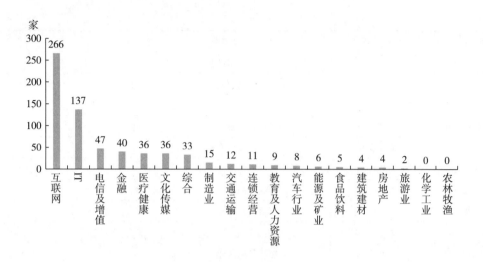

图 6 - 4　2016 年上海市融资企业行业分布

数据来源：《中国风险投资年鉴 2015—2016》。

科创板重点支持的行业代表我国未来的"新经济"方向，明确优先推荐以下企业：符合国家战略、突破关键核心技术、市场认可度高的科技创新企业；属于新一代信息技术、高端装备、新材料、新能源、节能环保以及生物医药等高新技术产业和战略性新兴产业的科技创新企业；互联网、大数据、云计算、人工智能和制造业深度融合的科技创新企业。[①] 科创板首批上市的 25 家企业中，新一代信息技术企业最多，为 13 家，占比 52%，高端装备公司和新材料公司各 5 家，分别占比 20%。此外，2 家公司属于生物医学行业，占比 8%。在地域分布上，北京和上海最多，分别为 5 家（见表 6 - 6）。

表 6 - 6　　　　　　25 家科创板第一批上市企业概况（按代码排序）

证券代码	证券简称	所属新兴产业类别	省份/直辖市	首发募集资金（亿元）
688001. SH	华兴源创	新一代信息技术产业	江苏省	9.7
688002. SH	睿创微纳	新一代信息技术产业	山东省	12.0
688003. SH	天准科技	高端装备制造业	江苏省	12.3
688005. SH	容百科技	新一代信息技术产业	浙江省	12.0
688006. SH	杭可科技	新一代信息技术产业	浙江省	11.2
688007. SH	光峰科技	新一代信息技术产业	广东省	11.9
688008. SH	澜起科技	新一代信息技术产业	上海	28.0
688009. SH	中国通号	新一代信息技术产业	北京	105.3
688010. SH	福光股份	新一代信息技术产业	福建省	9.0
688011. SH	新光光电	新一代信息技术产业	黑龙江省	9.5

① 《上海证券交易所科创板企业上市推荐指引》（上证发〔2019〕30 号），http://www.sse.com.cn/tib/marketrules/review/c/c_20190303_4729624.shtml.

续表

证券代码	证券简称	所属新兴产业类别	省份/直辖市	首发募集资金（亿元）
688012.SH	中微公司	新一代信息技术产业	上海	15.5
688015.SH	交控科技	高端装备制造业	北京	6.5
688016.SH	心脉医疗	生物产业	上海	8.3
688018.SH	乐鑫科技	新一代信息技术产业	上海	12.5
688019.SH	安集科技	新一代信息技术产业	上海	5.2
688020.SH	方邦股份	新材料产业	广东省	10.8
688022.SH	瀚川智能	高端装备制造业	江苏省	7.0
688028.SH	沃尔德	新材料产业	北京	5.3
688029.SH	南微医学	生物产业	江苏省	17.5
688033.SH	天宜上佳	高端装备制造业	北京	9.8
688066.SH	航天宏图	高端装备制造业	北京	7.2
688088.SH	虹软科技	新一代信息技术产业	浙江省	13.3
688122.SH	西部超导	新材料产业	陕西省	6.6
688333.SH	铂力特	新材料产业	陕西省	6.6
688388.SH	嘉元科技	新材料产业	广东省	16.3

资料来源：Wind，零壹智库。

可以预期的是，科创板的推出将给国内高技术、高成长的创新企业带来更多展示的机会，更是上海这座城市的重大机会。科创板的推出不仅可以做大上海股市规模，更为上海引入各类科技创新企业提供重大契机。

6.3.3 成都：知识产权金融

近几年，成都作为西部金融中心，不断优化营商环境，加大人才引进力度，推动战略性新兴产业发展，逐步形成了一批规模企业和优势产品，初步构建起具有鲜明特色的新兴产业体系。2018年，成都市电子信息、医药制造、机械产业增加值分别增长14.3%、18.4%、13.9%。高技术制造业总体增加值增长15.3%，高于规模以上工业增加值增速6.8个百分点。

可抵押质押的资产少是导致科技型中小企业融资难的主要原因。而科技型中小企业最具价值的资产——知识产权并没有发挥它应有的融资作用。要切实解决科技型中小企业融资难问题，应根据科技型企业知识产权特点，建立政府、银行、担保机构、评估机构、保险机构、风投机构风险共担知识产权融资机制，降低科技型中小企业贷款风险。在这方面，成都市先试先行不断创新，探索出具有特色的知识产权融资模式。

2008年3月24日，成都市科技局通过成都生产力促进中心设立4000万元知识产权质押融资专项担保基金，在担保基金支持下，成都银行以1:3的比例放大，为生产力促进中心提供1.2亿元的贷款授信额度，成都银行和生产力促进中心按照1:9的比例承担贷款风险。生产力促进中心为企业向银行申请的短期贷款提供连带责任担保，企业以自有知识产权质押给中心进行反担保，并以业主信用及其他方式承担连带担保责任，银行为符合条件的企业提供贷款。因风险控制，贷款期限不超过 1 年，贷款金额最初不超过 100 万元，目前已提高至 500 万元。涉及的企业行业分别是软件企业、制造业、制药、环保等行业，质押的知识产权包括发明专利、商标和软件著作权等，贷款企业分别处于初创期、成长期等发展阶段，贷款用途限于生产性流动资金。后来成都模式经过不断发展，逐渐在知识产权融资中纳入保险，由保险机构承担 50% 的风险，生产力促进中心承担的风险降为 45%，银行则只需承担 5% 逐渐形成"银行贷款 + 保险保证 + 风险补偿 + 财政补贴"的成都模式。截至 2018 年 9 月末，全省开展专利质押融资的市（州）达 14个，质押专利 2966 件，融资总额达 109.9 亿元。专利质押融资贷款尚未发生一例违约不归还情形。

2019 年 6 月，在成都全球创新创业交易会上，成都首例"纯知识产权质押融资"现场签约成功，以网络摄像机进行远程管理、监控和展示技术闻名的成都华迈通信，以 13 项业内第一的专利，通过纯知识产权质押，无需抵押物、担保，拿到了锦泓科贷 500万元的授信，成为成都首家将"知产"变为"资产"的企业，成都实现知识产权融资领域的先试先行。

6.3.4 深圳：创投基金 + 供应链金融

近年来，深圳市不断改善营商环境，加速全方位对外开放，加强金融支持，推动战略性新兴产业发展。2018 年战略性新兴产业加快发展，新一代信息技术、高端装备制造、绿色低碳、生物医药、数字经济、新材料、海洋经济等七大战略性新兴产业增加值达 9155.2 亿元，增长 9.1%，占地区生产总值的比重达 37.8%。深圳光明科学城芯片、医疗器械等 10 项关键零部件重点技术攻关工程加快实施，肿瘤化学基因组学国家重点实验室、生命信息与生物医药广东省实验室正式获批，鹏城实验室、第三代半导体研究院等重大科研机构启动建设。新增各类创新载体 189 家，累计达 1877 家，全社会研发投入突破千亿元。

一、创投基金

1999 年深圳市创新投资集团有限公司（以下简称深创投）成立并逐步发展成为以创业投资为核心的综合性投资集团，主要投资中小企业、自主创新高新技术企业和新兴产业企业，覆盖企业全生命周期，通过资源整合、资本运作、监督规范、培训辅导等多种方式助推投资企业快速健康发展。目前管理基金包括 12 只股权投资母基金，127 只私募股权基金，11 只专项基金［不动产基金、定增基金、PPP（政府与社会资本合作）基金］，管理各类资金总规模达 3449.15 亿元。集团下设国内首家创投系公募基金管理公司——红土创新基金管理有限公司，围绕创投主业，不断拓展创投产业链，开展专业化、多元化、国际化业务，服务战略性新兴产业。

1999 年至 2019 年 6 月，深创投在信息科技、光机电/先进制造、消费品/物流/连锁服务、生物医药、能源/环保、新材料/化工、互联网/新媒体等领域投资 1011 个项目，总投资额约 447 亿元人民币（见图 6-5）。截至 2019 年 6 月底，深创投投资企业数量、投资企业上市数量均居国内创投行业第一位：已投资项目 1011 个，累计投资金额约 447 亿元，其中 145 家投资企业分别在全球 16 个资本市场上市，252 个项目已退出（含IPO）。为潍柴动力、酷狗音乐（腾讯音乐）、欧菲光、迈瑞医疗、信维通信、中新赛克、宁德时代、网宿科技、环球易购（跨境通）、多氟多、御家汇、柔宇科技、康方生物等众多企业提供服务。

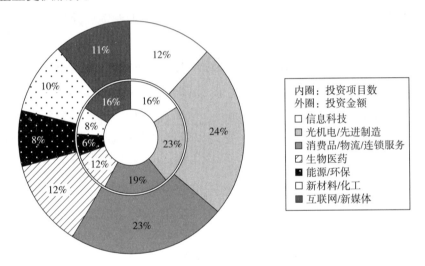

图 6-5　深圳市创新投资集团项目行业分布（2019 年 9 月底）

数据来源：深圳市创新投资有限集团，http://www.szvc.com.cn/。

除了直接领投参投外，深创投还参与设立众多投资基金，服务战略性新兴产业。目前国内最大的商业化募集母基金前海母基金管理规模为 215 亿元人民币，也是国内单只募集资金规模最大的创业投资和私募股权投资基金。深创投集团与深圳前海淮泽方舟创业投资企业（有限合伙）共同成立前海方舟资产管理公司，共同管理前海股权投资母基金，支持新兴产业发展，传统产业转型升级，以及大众创业、万众创新。

二、供应链金融

供应链金融是围绕核心企业，以核心企业信用为依托，以真实交易为背景，为产业链上下游企业提供的金融服务。作为国内供应链金融的发源地和集聚地，深圳已经发展成为国内供应链金融最为发达的地区之一。2017 年深圳就已云集了全国八成以上的供应链企业，其中怡亚通、飞马国际、普路通和东方嘉盛 4 家企业已经成功上市，而越海全球供应链刚刚晋级为深圳新的"独角兽"企业。

2018 年 10 月，深圳中国平安旗下金融壹账通在深圳正式推出智能供应链金融平台

"壹企链",运用区块链、大数据、云计算等先进科技链接核心企业与多级上下游、物流仓储、银行等金融机构,实现区块链多级信用穿透,帮助供应链上中小企业解决融资难题,并赋能中小银行提升供应链金融服务能力。该平台的推出有望逐步解决中小企业与金融机构间的信息不对称、推动供应链核心企业信用穿透多级,覆盖更多长尾端中小企业,从而解决部分中小企业融资难题。

2018 年 12 月,联易融与南山区政府、北京银行深圳市分行、华润置地(深圳)有限公司合作加强政—银—企三方合作,以供应链金融为切入点,结合腾讯大数据、区块链、联易融的互联网金融科技能力,搭建深圳市首个供应链金融服务平台,进一步解决中小企业融资难、融资贵的问题,推动供应链金融创新发展服务实体经济。2019 年 7 月 3 日,由平安银行、腾讯、怡亚通、深圳中核集团等 38 家企业自愿发起的深圳市供应链金融协会成立,为解决中小民营企业融资难融资贵问题,引导金融服务实体经济扎扎实实作出贡献。

6.3.5 杭州:政府引导基金+高科技担保

杭州市在引导基金和高科技担保的撬动和引领下,新兴产业发展成绩斐然。2017 年杭州市规模以上工业中高新技术产业增加值增长 13.6%,战略性新兴产业增长 15%,高新行业中的计算机通信和其他电子设备制造业、医药制造业增加值分别增长 24.9% 和 21.2%,贡献率达 69.7%。信息经济表现突出,实现增加值 3216 亿元,增长 21.8%,对经济增长贡献率超过 50%,电子商务业增加值增长 36.6%,增速连续 7 年保持在 30% 以上;云计算与大数据产业增加值增长 31.9%;数字内容、软件与信息服务、信息安全产业增加值分别增长 28.5%、27.8% 和 24.9%。

一、政府引导基金

战略性新兴产业具有技术不确定性以及高风险特点,影响其市场融资,而政府引导基金能够有效解决战略性新兴产业发展中融资难等诸多问题。目前,我国政府引导基金的运作按照投资方式的不同,主要分为创业投资引导基金、产业投资引导基金和 PPP 投资引导基金三大类型。为破解小微企业及初创企业融资难、融资贵问题,2008 年杭州率先设立创业投资引导基金,总规模达 10 亿元,重点引导创业投资企业投资处于初创期的企业,重点投向杭州市域内电子信息、生物医药、新能源、新材料等符合杭州市高新技术产业发展规划的领域。该模式变财政直接扶持为间接扶持,撬动几倍于政府投入资金的社会资本参与,达到"四两拨千斤"的效果。

目前,杭州市三类引导基金中产业投资引导基金数量达 30 只,占总数的 62.5%,目标设立的规模为 1787.9 亿元,占总规模的 88.23%,其数量和规模均超出创业引导基金和 PPP 投资引导基金很多,处于优势地位。在创业引导基金的引领作用下,杭州创新创业取得较好成绩,形成浓厚的创新创业氛围。截至 2017 年底,杭州已经累计建成 200

家市级以上孵化器和众创空间，累计孵化超 2.2 万个创业企业或项目。杭州创业投资企业改变过去广撒网的模式日益朝专业化投资模式方向转化，形成了以阿里系、浙商系、高校系和海归系为主的创业"新四军"。

杭高投数据显示，截至 2019 年 4 月底，引导基金累计批复合作基金 65 只，基金批复总规模高达 90 亿元。在引导基金参股子基金已投项目中，有近 30 家企业成功上市或被上市公司收购。

二、高科技担保

2006 年，杭州高科技担保有限公司成立，主要从事融资担保、经济信息咨询服务等业务，为杭州市 13 个县市区各科技型中小企业提供融资担保等业务。截至 2018 年 12 月底，已累计支持企业超过 2300 家次，累计为企业融资担保余额 87 亿元，为企业节约资金成本 3 亿元以上。科技担保公司首创"贷款风险池"，通过高科技担保，放大 10 倍支持当地中小微企业，筑起了"防火墙"，也当好了"加速器"。

浙江正元智慧科技股份有限公司是一家致力于智能卡应用产品研发、生产、销售和服务的高科技术企业，智能卡应用技术达到全国领先水平。2008 年伊始，杭高投下属企业高科技担保公司便与正元智慧有了业务合作，8 年间高科技担保提供担保资金，支持其人才和研发投入，为企业快速健康发展和持续创新转型提供了资金保障（见图 6 - 6）。2017 年 4 月 21 日，正元智慧正式登陆 A 股，成为国内校园智能卡应用的领军企业。

图 6 - 6　2008—2016 年高科担保对正元智慧担保业务情况

数据来源：杭州市高科技投资有限公司，http://www.vcc.com.cn/。

第7章

结论与建议

7.1 主要结论

7.1.1 积极部署新兴产业成为主要经济体的共识

伴随着第四次技术革命浪潮，全球经济发生了百年未有的剧变。技术进步与全球化深刻改变着国际产业链和价值链，新的产业格局正在形成。一方面，全球经济增长需要新动力、新引擎，发展壮大新兴产业迫在眉睫、意义重大；另一方面，各国新兴产业发展定位不同，推动全球范围内形成新的产业分工，重塑全球经济格局。技术进步是经济增长的重要源泉，技术是经济可持续发展和增长的重要驱动。从历史经验可知，一轮技术革命的生命周期大致可分为新产业的爆炸性增长和迅速创新、新产品新技术的高速扩散、创新和市场潜力的全面扩张、产业成熟和市场饱和四个阶段，技术更新和产业升级也符合这个生命周期。目前，新兴产业处于生命周期的早期阶段，具有成长性、创新性、时代性、战略性、先进性、带动性等特点。充分发挥自身的资源禀赋优势，在新兴产业国际产业链重构中占据有利地位，积极部署新兴产业已经成为全球各经济体的共识。各国均提出了符合国情和定位的产业发展规划，制定并不断完善新兴产业政策，例如，美国先进制造业国家战略计划、德国"工业4.0"战略实施计划、中国战略性新兴产业规划等。

7.1.2 培育产业集群是新兴产业发展的必由之路

产业集群是指聚集在某一特定区域内的一群独立自主而又相互联系的企业，依靠专业化分工和协作建立起来的一种中间性产业组织。产业集群介于市场与企业之间，集群内的企业之间可以依据信任与承诺建立起长期的交易关系，可获得集群外企业没有的竞争优势，并有效克服市场和内部组织失灵。产业集群具有六个显著特征：中小企业占据多数；生产方式灵活；具有一定的根植性；自我强化；有合作网络；集群创新。任何一个产业集群都有自身的生命周期，要经历萌芽、成长、成熟、衰退的演化过程，在不同的阶段有鲜明的特征和规律。在萌芽阶段，企业仅在地理空间上聚集，企业之间的分工协作以及产业关联性较弱，较少产生产业集聚效应。在成长阶段，企业集聚数量不断增加，区域引力作用增强，同类产品制造企业加速集聚，产业链上的关联企业也不断集聚。在成熟阶段，集群内形成相对完整的产业价值体系。在衰退阶段，如果集群内的企业能融入全球价值链并获得显著的竞争优势，或者能转向高端产业，该产业集群就拥有更多的发展机会，可开拓新的市场。反之，就会丧失地区优势，集群内企业大规模迁移，衰退进而消亡。

目前，新兴产业发展是大势所趋，呈现出如下主要特点：发展空间巨大，正在逐渐发展成为支柱产业；快速增长，正在成为经济增长的新引擎；产业关联度大，具有重大的辐射带动作用；技术含量高，代表科技发展的前沿；深刻改变生活方式，对日常生活产生重大影响；决定国家的国际竞争优势。除了拥有传统产业集群的特征外，新兴产业集群还具有一个独特的性质，即涵盖新兴技术研发、新兴技术产业化、新兴产业网络化全过程，是一个具有知识传播、动态循环和创新扩散的组织间关系网络，创新驱动力更强，知识溢出效应更大，产业自我升级更迅速。因此，培育产业集群是新兴产业发展壮大的必由之路。

7.1.3 新兴产业集群发展需要与之匹配的金融支持

西方经典经济学理论在不断发展演化的过程中，越来越强调技术进步对经济增长的作用。产业资本的形成和技术的进步是促进产业发展的关键。以产业资本的再生产与发展为基础的金融资产，可通过缓解融资约束、提高资本配置效率、产业整合与导向等功能，促进产业资本进一步集聚，支持技术创新与进步，最终推动新兴产业集群的发展。金融与产业发展相辅相成，高效的金融支持机制是产业发展的加速器，有利于优化资本配置、降低信息及交易成本、为技术创新提供风险投资、促进产业资本形成，进而推动产业集群发展。同时，对于新兴产业来说，集群模式可降低银企之间的信息不对称，在企业之间建立"信誉链"，产生融资规模经济，为实行信用担保互助、扩大抵押担保范围创造条件，因此具有特殊的融资优势。

在新兴产业集群的不同发展阶段、不同产业链环节、不同创新发展模式中，企业的融资需求存在较大的差异，需要金融体系提供多样化、差异化和个性化的支持。尤其是，以不同创新发展模式形成的新兴产业集群，对金融服务的精准性提出了更高的要求。需要深入研究，具体分析每一个产业集群、每一个产业链的金融需求，构建与之相适应、相匹配的金融支持机制，全面、及时、精准满足产业集群发展的金融需求。

对于巨头引入型创新集群，金融支持应定位于提高资金运作的效率和精准度，促进核心企业技术创新的进一步深化和传播，推动新兴产业规模化。对于升级创新型产业集群，金融支持应聚焦本地优势产业，发挥绿色通道、定制服务、增信担保、多元化投资优势，培育壮大科技、教育、服务体系等专有资本要素。对于融合创新型产业集群，金融支持应侧重于研究合作、人才交流、共享硬件设备、产业内并购，整合金融信息、政策措施，激发更多的技术创新活动。对于引进创新型新兴产业集群，金融支持应聚焦培育高质量"孵化器"，通过金融创新，开辟绿色信贷通道、股权融资，满足集群内中小创业者的融资需求。对于自主创新型产业集群，金融支持应注重营造良好的生态环境，通过制度创新、金融服务创新，解决融资难、融资贵问题，维持集群内旺盛的创新源头及智力密集优势。

鉴于新兴产业集群的发展规律，直接融资在其起步和初级阶段是最合适的金融手段。美国、英国、日本、丹麦等国家大多通过直接投资、风险投资和产业基金来支持新兴产业集群发展，运用其高度发达、多层次的资本市场，满足企业初创、快速发展的融资需求，并在促进技术产业化进程中发挥重要作用。例如，美国以资本市场为中心，辅以灵活的银行信贷体系，形成政府组织和非政府组织相结合的金融支持体系，为新兴产业的发展提供了诸多支持。硅谷拥有世界上最大的、高度成熟的风险资本市场，为科创企业尤其是早期初创企业提供融资支持，有效解决了高科技企业融资难问题。瑞典有专业的、功能完善的风险资本市场，拥有数家专注于生命科学领域的风险投资商，企业可轻松获得专业风险投资，进行技术转让。

7.1.4 新兴产业集群发展离不开政府的积极引导

总结全球范围内各国新兴产业发展的成功经验，我们发现，完善的财政金融体系是新兴产业集群获得成功的关键，那些得到金融资源与制度政策综合全面支持的新兴产业集群，往往能够取得长足的健康发展，成为拉动本国经济增长的新引擎。

第一，专项基金。新兴产业技术门槛高，研发支出大，市场培育达到规模效应需要较长时间。政府大多运用政府采购、设立专门的产业基金方式，增加市场需求，分担新兴产业较高的风险，产生示范效应，引导风险资本进入新兴产业。当然，政府的金融支持还有一个重要作用，能够促进新兴产业领域企业的合作，形成创新的网络。例如，美国政府主导成立了清洁技术基金，每年投资近百亿美元，推进清洁技术产业化。美国联邦政府每年从军事研究预算中拿出一定资金，专门用于高新技术民用化，进行信息经济、生物科技等产业市场化开发。中国政府与中国建设银行共同发起设立国家级战略性新兴产业发展基金，支持新一代信息技术、高端装备制造、新材料、生物、新能源汽车、新能源等产业的研发和产业化。

第二，税收优惠。税收优惠是各国发展新兴产业集群的通行做法，中央政府和新兴产业集群所在地政府都会给予税收优惠，吸引更多的企业加入集群。例如，伦敦自 2011 年 4 月 1 日起，多次提高文化创意产业的税收优惠度，将中小企业的研发费用的税前扣除由原来的 175% 提高到 200%、225%。日本对新材料试验新增研究经费减税 20%，该项税收还可以延期缴纳；对新材料的开发投资减税 10%，以鼓励民间从事新材料的技术开发活动。中国规定企业研发费用未形成无形资产计入当期损益的，按照实际发生额的 75% 在税前加计扣除，形成无形资产的按照无形资产成本的 175% 在税前摊销。

第三，优惠贷款。在政府贴息的支持下，高度聚焦、低成本的优惠贷款为新兴产业集群的发展提供了重要途径。例如，美国制订了总额 250 亿美元的"高科技车辆制造激励计划"，为福特、日产和特斯拉等先进汽车制造商提供低息贷款，以强化在新能源汽车领域的比较优势。欧盟实施"启动援助计划"，通过政府优惠贷款为空中客车研发生产提供支持，如果所支持项目没有取得商业化成功，贷款则无须偿还。德国复兴信贷银行通过 ERP 创业贷款为初创中小企业提供资金支持，还与风险投资资本合作，支持中小企业股权融资。

第四，制度保障。政府通过制定规划、促进产教融合、完善社会保障、强化知识产权保护，为新兴产业集群营造良好的生态环境。例如，英国在 2004—2014 年制定了四份纲领性文件，超越党派利益，全方位、持之以恒地推动伦敦成为世界文化之都。英国政府充分发挥公共平台职能，出版融资指导手册，建立政府、银行和行业基金与创意产业之间紧密联系的融资网络，还通过专业化的公共机构给予企业在投资风险评估、知识产权保护、创意技能培训等方面的支持。德国政府非常注重培养高端制造业人才，通过财政支持大规模、系统化的职业教育，培养高素质技术人员，运用健全的高福利社会保障体系来稳定技术工人队伍，避免经济萧条时裁减工人，使德国的高端制造业拥有无与伦比的人才队伍。中国深圳市政府发布《关于进一步加快发展战略性新兴产业的实施方案》，从技术、资金、人才、准入、监管、标准、知识产权等方面对新兴产业发展提出系统谋划，采用多元化扶持手段，支持相关单位组织实施创新能力建设、产业化、应用示范推广、产业配套服务体系建设等项目。

7.1.5 中国创新模式因地制宜发展新兴产业集群

过去十年，在政府规划引导和基础设施先行的发展方针下，中国八大战略性新兴产业依托各大城市群逐步发展起来，正在成为促进传统产业优化升级、新旧动能接续转换的关键动力，以及带动要素协同发展构建现代产业体系的发力点。

第一，选择"政府＋市场"结合模式。按照政府在战略性新兴产业集群发展过程中的作用大小，可以将其发展模式大致分为政府引导模式、市场主导模式和政府与市场相结合模式。市场主导模式是指由市场主导，政府只是作为服务者发挥协调作用，而不干预企业的发展。由于中国战略性新兴产业集群发展时间较短，大多仍面临着核心技术缺失、技术含量和附加值低的问题，尚未形成完善的基于知识生产和创造的创新服务体系，各产业集群发展中还存在着定位不够清晰、重复建设、区域内部同质化竞争等问题，采取市场主导模式的时机不成熟。为了发挥市场的资源配置作用，中国选择了"政府＋市场"结合模式。一方面政府规划技术发展路线，筹建战略性新兴产业集群，制定产业政策；另一方面通过市场资源引导产业发展趋势和产业创新效益，对企业起着指导、引导和预测的作用。而且注重因地制宜，在不同的战略性新兴产业集群发展中，科学选择发展模式。根据中国八大战略性新兴产业的发展特征，高端装备制造产业、新能源产业、节能环保产业由于初始投资规模较大，应当采用政府引导模式；而新一代信息技术产业、生物产业、新能源汽车产业由于处于核心技术突破的关键阶段，新材料产业和数字创意产业由于技术含量和附加值仍有待提高，应当采用政府与市场相结合模式。

第二，深化改革创新金融模式。当前中国战略性新兴产业面临着协同创新驱动力不足、金融体系结构缺陷等问题，金融支持有效性不足。例如，国有大型商业银行传统上习惯支持大中型企业，近年来尽管在积极推动普惠金融，但小企业融资获得仍然不足；资本市场同样存在"重大轻小""重公轻私"偏好，中小型企业得不到必要的支持；抵押担保模式与战略性新兴产业高风险、轻资产特点不匹配。为了更好支持新兴产业集群的发展，最近5年中国金融体系深化改革，进行了许多机制创新。（1）银行改革信贷管理制度，制定专门针对战略性新兴产业的差别化信贷管理政策，培育战略性新兴产业专业金融服务团队，量身定制差异化的金融服务。加大推广商标专用权、专利权、版权等知识产权质押贷款业务，大力支持自主知识产权研发项目。围绕战略性新兴核心企业、全产业链开展供应链融资。投贷联动，为企业提供长期低成本资金。（2）拓宽直接融资渠道，主板、中小板、创业板、新三板、四板等多元化投融资体系逐步建立，特别是2019年推出科创板，为战略性新兴产业发展注入动力。（3）保险公司创新产品，推出"首台套"、新材料首批次等保险机制，发挥利用市场分散风险的功能，积极支持战略性新兴产业发展，为新兴产业集群发展提供重要保障。

第三，基础设施先行机制。现代化的基础设施是新兴产业集群发展的前提条件，也是提升其国际竞争力不可缺少的条件。重视基础设施建设，是中国经济保持高速发展的成功经验。在战略性新兴产业集群发展过程中，中国仍然坚持基础设施先行的原则。为产业集群所在地提供土地、水、电、环保、金融、送输、通信、创新载体、创新平台等软硬件基础设施条件。值得一提的是，中国政府持续加大国家重大科技基础设施投入，推动形成覆盖能源、生命、地球系统与环境、材料、粒子物理和核物理、空间和天文、工程技术等学科领域的设施体系，为推动战略性新兴产业奠定了重要的物质基础。继全球首个行政区域5G网络在上海虹口建成试用后，中国政府大力推动5G基础设施建设，充分发挥5G的网络支撑和应用赋能作用，打造5G网络建设先行区、创新应用示范区和产业集聚区，为战略性新兴产业集群构筑更大的发展平台。

7.2 政策建议

7.2.1 借助产业集群网络特征，提升新兴产业集群的创新能力

新兴产业集群是推进产业结构升级和经济转型发展的重要动力，要按照发挥优势、凸显特色、聚焦突破、错位发展的原则，采取有效措施加速引导生产要素流向新兴产业，形成产业集群的网络优势，培育各地新兴产业集聚发展的内生动力，实现创新驱动

经济高质量发展。第一，准确把握地区资源特征，培育新兴产业特色集群。依托现有产业集聚区，创新区域发展政策，聚焦重点产业领域，向产业链创新链协同转变，基于产业链、价值链构建具有特色和优势的企业集群，避免多头出击、重复建设。第二，搭建信息共享平台，形成区域创新网络，为企业获得和分享创新资源、在达成共识基础上相互合作提供便利条件。第三，促进企业与企业之间、企业与科研机构以及企业与金融中介机构之间的互动，注重产城融合，促进不同创新主体良性互动，形成有活力、有效率的区域创新网络，增强新兴产业集群的创新能力和自我发展能力。

7.2.2 优化金融结构，推动金融创新，提供多渠道、定制化金融服务

为打破新兴产业集群发展的资金约束，应加快金融供给侧结构性改革，着力于优化金融结构，建设多层次金融体系，提升金融支持战略性新兴产业的针对性，创新金融方式和产品，采取"基金+""银行+""保险+"等新模式，灵活多元地为集群企业提供定制化金融支持。同时，借助新兴产业集群发展的契机，优化全社会金融资源的配置。

第一，发挥现有金融体系的优势，加强直接融资与间接融资模式的错位发展与互补，重点推进专门化、特色化的新型金融机构的创设，推进以"新三板"为基础的场外交易市场的建设，大力发展企业债券市场，加快建设多层次资本市场体系。

第二，促进投资主体的多元化，创新融资模式，调动非银机构的积极性。在直接融资渠道，大力发展科创板市场，健全股权融资机制，鼓励设立共同基金融资、信托融资、项目融资等，多渠道拓宽企业的长期性资金来源；在间接融资渠道，对小额信贷机构投资产业集群发展给予税收、监管方面的政策优惠。充分发挥"投保贷联动"机制对培育新兴产业集群企业的积极作用，调动保险公司、融资租赁、金融租赁和融资担保等非银机构积极性。

第三，设立专项基金，支持新兴产业发展。应设立产业发展投资基金，形成示范效应，由政府资金引导社会资本组建各类天使投资基金，引导更多社会资金设立新兴产业投资基金和国际化投资基金，推动新兴产业集群发展。

第四，强化产业链金融，推动新兴产业集群内形成更多的供应链、价值链。应突破传统融资方式的局限，在供应链基础上构建更加庞大的产业链金融生态体系，实现对产业链上下游特别是中小企业的全覆盖融资服务。

第五，针对战略性新兴产业高风险、轻资产等特点，并根据战略性新兴产业领域细分行业的特点和差异，研究具有针对性的金融产品。大力拓展各类动产抵押、权利质押、未来收益权质押、科技专利等创新类或知识产权类质押业务；积极运用应收账款质押、仓单质押贷款、融资租赁贷款等多种融资工具；稳步发展中小企业集合债和集合票据，推广小企业集合债券信托基金，加快固定收益类产品创新；研究适合科技创新型企

业发展特点的资产证券化项目和产品；探索适用于早期发展阶段的科技创新型企业的私募债券和高收益债券。

7.2.3　深化产教融合，打好新兴产业集群发展的人才基础

深化产教融合，促进教育链、人才链与产业链、创新链有机衔接，是培养新兴产业集群发展所需人力资本的迫切要求。

第一，在新兴产业集群发展的初级阶段，要面向产业和区域发展需求，创新教育组织形态，促进教育和产业联动发展。要深化职业教育、高等教育改革，充分发挥企业主体作用，促进人才培养供给侧和产业需求侧结构要素全方位对接融合。例如，企业投资兴办职业教育、学生实习实训、教师岗位实践、校企深度合作、建设产教融合实训基地等。

第二，针对各地正在成型的新兴产业集群，深化贯彻落实国家支持企业参与开展职业教育的各项优惠政策，在项目审批、购买服务、金融支持、用地政策等方面加大对建设培育企业的便利支持，逐步提高行业企业参与办学程度，全面推行校企协同育人，健全完善需求导向的人才培养模式。

7.2.4　完善政策体系，发挥"看得见的手"的积极作用

发展新兴产业集群是一个长期、复杂的系统工程，发展规划、产业政策要体现系统性、综合性特征，协同政府、企业与科研机构等各方力量，全面推动新兴产业的发展壮大。

第一，从需求和供给两方面入手，制定综合系统的支持政策。需求侧政策主要包括政府采购、市场引领、鼓励终端消费，目标是刺激、培育新兴产业市场，降低企业创新产品的市场风险；供给侧政策主要包括人才、资金、研发方面政策，目标是通过更新、重构产业要素来激励创新主体，全面提升劳动生产率，加速新兴产业领域发展。

第二，政府不能缺位，要处理好市场机制与政府调控的关系。坚持市场导向，发挥市场在资源配置方面的决定性作用，政府主要在市场失灵的地方，尤其是在传统硬件基础设施、新型基础设施建设以及创新网络平台、制度、标准等软性基础设施建设方面积极作为，通过不断完善知识产权法律体系、税收激励政策、政府投资基金、贷款贴息以及担保机制，保护企业科技创新积极性，引导社会资金大规模投入新兴产业集群建设。政府部门还应牵头搭建金融服务信息平台，促进企业与投资者之间的交流，降低投融资双方的信息不对称程度，营造良好投融资环境，以便引导更多的投资者进行新兴产业集群的长期投资。

第三，发挥投资关键作用，重点加强新型基础设施建设。要深化包括金融在内的重点领域和关键环节改革，强化开放合作共享，加快5G商用步伐，加强人工智能、工业

互联网、物联网等新型基础设施建设。创新完善投融资体制，发挥投资关键作用，加大制造业技术改造和设备更新，推动新型基础设施与传统基础设施跨界融合发展，不断拓展基础设施发展新内涵。

第四，加强财政资金的引导作用，建立适当的财政资金退出机制。财政资金和民间资金需要有机配合，财政资金应发挥引导作用，在新兴产业萌芽阶段承担更多的金融风险，刺激民间资本持续进入相关产业领域；应建立顺畅的财政资金退出机制，在产业集群进入成熟获利期时，按适当方式及时退出。

7.2.5 金融支持赋能新兴产业集群，防控金融风险需多方合力

新兴产业具有创新性高、不确定性强、成长周期长、技术资金需求性大、资产专用性强等特点，集群内中小企业占多数，成长性和潜力巨大的同时也意味着较高的沉没成本与融资风险。当前，受国际贸易环境不确定性增强、国内经济下行压力增大等因素影响，制造业整体增速放缓，企业融资潜在风险增多，杜绝新的产能过剩、防控金融风险仍需多方合力。

首先，政府要发挥宏观审慎职能，坚持适度发展、质效并重的原则，防止新兴产业规模无限制扩张，以杜绝新的产能过剩隐患；其次，监管部门要出台差异化的监管制度，对金融支持新兴产业发展在风险容忍度、不良贷款核销等方面给予差异化对待，还要针对金融创新相应地创新监管方式、健全监管体系，强化金融创新过程中的风险防范；最后，各地政府部门与金融机构、集群内企业之间要建立定期沟通长效机制，以政府公信力为桥梁加强信息共享，引导实体企业优化自身经营及财务管理模式，引导金融机构强化事前审查与贷后管理，在行业投资咨询方面给予支持，健全信用风险管理机制，提升整个新兴产业集群金融体系的风险把控能力。

参考文献

［1］马静洲，伍新木．战略性新兴产业政策的国际对比研究：基于中、美、德、日四国的对比［J］．河南社会科学，2018，26（4）：22－28.

［2］工业和信息化部．工业和信息化蓝皮书：新兴产业发展报告（2017—2018）［R］．北京：工业和信息化部，2018：1－258.

［3］卡萝塔·佩雷丝．技术革命与金融资本：泡沫与黄金时代的动力学［M］．北京：中国人民大学出版社，2007：50－100.

［4］马建会．产业集群成长机理研究［D］．北京：中国社会科学出版社，2004.

［5］仇保兴．小企业集群研究［M］．上海：复旦大学出版社，1999.

［6］王乙伊．我国产业集群模式及发展战略研究［D］．青岛：中国海洋大学，2005.

［7］李扬，沈志渔．战略性新兴产业集群的创新发展规律研究［J］．经济与管理研究，2010.

［8］Jerome S. Engel and Itxaso delpalacio. Lylln Mytelka, Fulvia Farinelli, "Global Clusters of Innovation：The Case of Israel and Silicon Valley" ［J］．California Management Review, 2011, 53（2）：27－49.

［9］高鸿鹰，武康平．技术密集与制造业集聚：一个基于中间厂商博弈的分析［J］．产业经济研究，2010（3）：10－16.

［10］乔虹．产业集聚与技术创新关系研究［J］．现代商贸工业，2015，36（10）：9－10.

［11］张可，徐朝晖．产业集聚与区域创新的交互影响：基于高技术产业的实证［J］．财经科学，2019（1）：75－86.

［12］Rosenberg N. Technological change in the machine tool industry：1840－1910［J］．The Journal of Economic History, 1963, 23：414－446.

［13］European Commission. Green paper on the convergence of the telecommunications, media and information technology sectors, and the implications for regulation［R］．1997.

［14］Yoffie D B. Introduction：CHESS and competing in the age of digital convergence［A］．In：Yoffie, D B（ed.）．Competing in the age of digital convergence［C］．Boston, 1997：1－35.

［15］Greenstein S & Khanna T. What does industry convergence mean［A］. In：Yoffie, DB（ed.）. Competing in the age of digital convergence［C］. Boston, 1997：201 – 226.

［16］阿弗里德·马歇尔. 经济学原理［M］. 北京：华夏出版社, 2017.

［17］Arrow K J. The Economic Implication of Learning by Doing［J］. Review of Economic Studies, 1962, 29（3）：155 – 173.

［18］Romer P M. Endogenous Technological Change［J］. Journal of Political Economy, 1990, 98（5）：71 – 102.

［19］Alfred Marshall, Industry and Trade：A Study of Industrial Technique and Business Organization［M］. London：MacMillan, 1920.

［20］Paul Krugman. A Model of Innovation, Technology Transfer, and the World Distribution of Income［J］. Journal of Political Economy, 1979, 87（2）：253 – 266.

［21］Jacobs J. The Economy of Cities［M］. New York：Vintage Books USA, 1969.

［22］赵涛, 牛旭东, 艾宏图. 产业集群创新系统的分析与建立［J］. 中国地质大学学报（社会科学版）, 2005（2）：69 – 72.

［23］黄坡, 陈柳钦. 产业集群与企业技术创新［J］. 武汉科技大学学报（社会科学版）, 2006（6）：26 – 32.

［24］张清华, 郭淑芬, 黄志建. 产业集聚对工业行业技术创新效率的影响测度研究［J］. 科学管理研究, 2016, 34（3）：60 – 63.

［25］曾婧婧, 刘定杰. 产业集群集聚效应能促进企业创新绩效提升吗：对武汉市生物医药产业集群的实证分析［J］. 科技进步与对策, 2016, 33（18）：65 – 71.

［26］秦松松, 董正英. 科技服务业集聚对区域创新产出的空间溢出效应研究：基于本地溢出效应和跨区域溢出效应的分析［J］. 管理现代化, 2019, 39（2）：40 – 44.

［27］亚当·斯密. 国富论［M］. 北京：商务印书馆, 1990.

［28］大卫·李嘉图. 政治经济学及赋税原理［M］. 北京：华夏出版社, 2005.

［29］Harrod R. F. An Essay in Dynamic Theory［J］. The Economic Journal, 1939, 193（49）：14 – 33.

［30］西奥多·舒尔茨. 论人力资本投资［M］. 吴珠华, 译. 北京：北京经济学院出版社, 1990：3.

［31］Domar Evsey D. Capital Expansion Rate of Growth and Employment［J］. Econometrica, 1946, 14（2）：137 – 147.

［32］罗伯特·M. 索洛. 增长理论：一种解释［M］. 冯健等, 译. 北京：中国财政经济出版社, 2004, 5.

［33］Romer P M. Endogenous Technological Change［J］. Journal of Political Economy, 1990, 98.

［34］Modigliani, F., Miller M. H. The cost of capital, corporation finance and the theory of investment ［J］. The American Economic Review, 1958 (48): 261 – 297.

［35］Myers S C. Capital Structure Puzzle ［J］. Social Science Electronic Publishing, 1984, 39 (3): 575 – 592.

［36］Jensen M C, Meckling W H. Theory of the Firm: Managerial Behavior, Agency Costs and Ownership Structure ［J］. Journal of Financial Economics, 1976, 3 (4): 305 – 360.

［37］Myers S C, Majluf N S. Corporate Financing and Investment Decisions When Firms Have Information that Investors Do Not Have ［J］. Journal of Financial Economics, 1984, 13 (2): 187 – 221.

［38］Hayne E. Leland, David H. Pyle. Informational Asymmetries, Financial Structure, and Financial Intermediation ［J］. The Journal of Finance, 1977 (32): 371 – 387.

［39］Diamond D W. Financial Intermediation and Delegated Monitoring ［J］. Review of Economic Studies, 1984, 51 (3): 393 – 414.

［40］Jeffrey Wurgler. Financial markets and the allocation of capital ［J］. Journal of Financial Economics, 2000 (58): 187 – 214.

［41］Akerlof G A. The Market for "Lemons": Quality Uncertainty and the Market Mechanism ［J］. The Quarterly Journal of Economics, 1970, 84.

［42］Porter M E. Clusters and the new economics ofcompetition ［J］. Harvard business review, 1998, 76: 77 – 90.

［43］谢启标. 产业集群与中小企业融资研究 ［J］. 国家行政学院学报, 2006 (3): 71 – 73.

［44］张淑焕, 陈志莲. 基于集群理论的中小企业 "融资链" 问题探讨 ［J］. 商业经济与管理, 2006 (5): 66 – 69.

［45］张曼, 屠梅曾. 建立和完善中小企业信贷担保体系, 打开中小企业融资难问题的死结 ［J］. 上海综合经济, 2001 (6): 35 – 36.

［46］王晓杰. 基于互助担保联盟的中小企业集群融资研究 ［D］. 武汉: 武汉大学, 2005.

［47］文世尧, 李成青, 谢洁华. 产业集群小企业互助担保基金模式思考 ［J］. 西南金融, 2011 (9): 43 – 46.

［48］Greiner L E. Evolution and Revolution as Organizations Grow ［J］. Harvard Business review, 1998, 76 (3): 55.

［49］N. Berger A, F. Udell G. The economics of small business finance: The roles of private equity and debt markets in the financial growth cycle ［J］. Journal of Banking &

Finance，1998，22.

　　［50］孙国民，陈东．战略性新兴产业集群：形成机理及发展动向［J］．中国科技论坛，2018（11）：44－52.

　　［51］方亮．产业生态系统与战略性新兴产业发展的思考［J］．金融经济，2018（22）：55－56.

　　［52］王缉慈．创新集群三十年探索之旅［M］．北京：科学出版社，2016.

　　［53］约翰·希克斯．经济史理论［M］．北京：商务印书馆，2009.

　　［54］奥利弗·E.威廉姆森．资本主义经济制度［M］．北京：商务印书馆，2002.

　　［55］宋佳益．我国实施产业融合的必要性及路径选择［J］．中国经贸导刊，2009（12）：34－36.

　　［56］Carlin W，Mayer C. Finance，investment and growth［J］．Journal of Financial Economics，1998，69：191－226.

　　［57］李扬．"金融服务实体经济"辨［J］．经济研究，2017，52（6）：4－16.

　　［58］Frame W S，White L J. Empirical Studies of Financial Innovation：Lots of Talk，Little Action？［J］．Journal of Economic Literature，2004，42（1）：116－144.

　　［59］赵婧，吴珍珠，谢朝华．金融支持促进技术创新的区域性差异研究［J］．财经理论与实践，2016，37（5）：38－42.

　　［60］李苗苗，肖洪钧，赵爽．金融发展、技术创新与经济增长的关系研究：基于中国的省市面板数据［J］．中国管理科学，2015，23（2）：162－169.

　　［61］Laeven L，Levine R，Michalopoulos S. Financial innovation and endogenous growth［J］．Journal of Financial Intermediation，2015，24（1）：1－24..

　　［62］易信，刘凤良．金融发展、技术创新与产业结构转型：多部门内生增长理论分析框架［J］．管理世界，2015（10）：24－39，90.

　　［63］姚耀军，董钢锋．中小企业融资约束缓解：金融发展水平重要抑或金融结构重要？：来自中小企业板上市公司的经验证据［J］．金融研究，2015（4）：148－161.

　　［64］刘畅，刘冲，马光荣．中小金融机构与中小企业贷款［J］．经济研究，2017，52（8）：65－77.

　　［65］盛新宇，刘向丽．美、德、日、中四国高端装备制造业国际竞争力及影响因素比较分析［J］．南都学坛，2017，37（3）：99－108.

　　［66］OECD. Financing SMEs and Entrepreneurs 2014：An OECD Scoreboard［M］．Paris：OECD Publishing，2014.

　　［67］PwC，NVCA. National Venture Capital Association［R］．Money TreeTM Report，2015.

　　［68］黄国妍，唐瑶琦．美国硅谷的科技金融生态圈［EB/OL］．（2019－03－27）.

［2019 - 05 - 04］．中国社会科学网 - 中国社会科学报，http：//news. cssn. cn/zx/bwyc/201903/t20190327 _ 4854221 _ 1. shtml.

［69］吴晓隽，高汝熹．欧洲生物医药产业集群的案例研究及启示［J］．软科学，2008，22（12）：110 - 113，127.

［70］崔成，牛建国．日本新材料产业发展政策及启示［J］．中国科技投资，2010（9）：31 - 33.

［71］陈琦．伦敦：金融服务和文化积淀滋养创意产业［EB/OL］．（2015 - 04 - 03）．［2019 - 05 - 04］．文汇网，https：//www. whb. cn/zhuzhan/xue/20150403/27806. html.

［72］王冰清．英国文化创意产业发展的成功经验［N］．中国民族报，2014 - 10 - 31（008）．

［73］赛迪智库．2019 年中国工业和信息化发展形式展望系列报告：104.

［74］赛迪顾问．2017—2018 中国新材料产业发展研究年度报告.

［75］赛迪顾问．2017—2018 中国生物制药市场研究年度报告：6.

［76］穆一戈．长三角战略性新兴产业协同发展模式与机制研究［D］．上海：上海工程技术大学，2015.

［77］李媛．中国战略性新兴产业的成长机制与实证研究［D］．天津：南开大学，2013.

［78］朱迎春．政府在发展战略性新兴产业中的作用［J］．中国科技论坛，2011（1）：20 - 24.

［79］赛迪智库．2019 年中国工业和信息化发展形式展望系列报告：194 - 195.

［80］前瞻产业研究院．2018—2023 年中国新材料行业市场前瞻与投资战略规划分析报告，https：//www. qianzhan. com/analyst/detail/220/181130 - 15a77634. html.

［81］余剑．战略性新兴产业融资模式安排的理论逻辑与政策框架：基于外部性、不确定性及错配视角的研究［J］．金融监管研究，2013（2）：62 - 80.

［82］2018 年 6 月 29 日发布，中关村上市公司协会新三板分会，http：//www. sohu. com/a/241800267 _ 675334.

［83］《上海证券交易所科创板企业上市推荐指引》（上证发〔2019〕30 号），http：//www. sse. com. cn/tib/marketrules/review/c/c _ 20190303 _ 4729624. shtml.

The Observation Report of Global Industrial Finance (2019)

—Financial Support for Emerging Industry Clusters

Ⅰ. Emerging Industries Provide New Momentum for Global Economic Growth

Accompanied by the fourth technological revolution, the global economy witnessed drastic changes that have not been seen in a century. Technological advancements and globalization have brought significant changes to the international industry chain and value chain, and a new industrial landscape is taking shape. Global economy needs new momentums and new engines, hence promoting emerging industries becomes increasingly urgent and relevant. Each country, however, has different positioning when it comes to developing emerging industries, which leads to the specialization of new industries and reshaping of the global economic landscape. Technological advancement serves as the crucial source for economic growth and important powerhouse for sustainable economic growth. Historical experience tells us that the life cycle of a technological revolution could be largely divided into four stages: exponential growth and rapid innovation, fast promotion of new products and new technologies, comprehensive expansion of innovation with fully-unlocked market potential, and matured industries and market saturation. This pattern also applies to technology and industry upgrading. Currently, the emerging industries are at the early stages of their life cycle, with progressive, innovative, strategic, advanced and pioneering features. It has become a consensus that global economies should fully leverage their respective resource advantages in order to gain a favorable position in the reconstruction of international industry chain of emerging industries and actively deploy emerging industries. Differing in their respective advantages and developments, each country and region focuses on developing different emerging industries. In the US, key emerging industries include the new-generation information technology industry as part of the Industrial Internet Consortium, high-end equipment manufacturing as part of National Strategic Plan for Advanced Manufacturing and etc. In the case of Germany, the strategic new industries encompass manufacturing featuring information technology, digitalization, intelligence and service-orientation achieved through the Internet of Things in Industry 4.0. In a broad sense, strategic emerging industry refers to emerging industries that have strategic significance to a specific economy. In China, the narrow sense of the strategic emerging industry refers in particular to the ones mentioned in the national development plan for strategic emerging industries proposed by the Chinese government, including the new-generation information technology industry, high-end equipment manufacturing industry, new materials industry, biological industries, new energy vehicles industry, new energy industry, energy-saving and environmental protection industry, digital and creative industry, and relevant services industry. Many countries have put forward the industrial development plans in line with their national conditions and situations and are constantly improving related emerging industry policies. For example, the *13ʰ Five-Year Plan for Strategic Emerging Industries* proposed by the Chinese government, the *Advanced Manufacturing Partnership and National Strategic Plan for Advanced Manufacturing* of the United States, Germany's *Industry 4.0* and *German Industry Strategy 2030*, and the *National Energy and Environment Strategy for Technological Innovation towards 2050* and *Revitalization Strategy of Japan* proposed by the Japanese Government.

At present, emerging industry development becomes an irresistible trend with the following pronounced features: 1) huge potential for growth into pillar industries; 2) rapid development into the new engine for economic growth; 3) high inter-connectedness among different industries with significant radiating effect for other sectors; 4) high technology, representing the frontier of science and technology development; 5) profound changes to our lifestyle with influences over our everyday life; 6) critical role in determining a country's international competitive advantage.

II. Emerging Industry Cluster: Formation and Development Patterns

An industry cluster refers to an intermediate industrial organization that is established by groups of independent yet interconnected firms concentrated in a specific geographic region through specialized division of labor and collaboration. It falls in between a market and an individual enterprise. Enterprises in industry clusters could set up long-term transaction relationship with each other based on trust and promises, thus obtaining the competitive edges that the enterprises outside the clusters do not have and effectively overcoming market and organizational failures. Emerging industry clusters are geographic agglomerations of increasingly competitive local businesses and associated institutions, of which the emerging industries are at the core and other related institutions are the auxiliary. They are densely clustered in a specific region, share close horizontal and vertical relationships. It is an inter-organizational network that features knowledge-dissemination, innovation-promoting and dynamically cyclic relationship, covering strategic technology research and development, emerging technology industrialization and emerging technology network.

In practice, emerging industry clusters are formed by the following three driving models based on different ways of factors allocation.

(1) The traditional factor-driven type: "traditional factor-driven" does not signify that traditional factors are the sole factor forming strategic emerging industries. Instead, it means forming strategic emerging industry clusters by leveraging the natural advantages in local labors, capital, land and location while attracting factors of innovation or forming indigenous innovation system. In other words, it means leveraging the resource advantages, industry foundation and favorable policy, factor or cost advantages to build an innovation system and form industry clusters of a certain scale. For instance, China's high-end equipment industry clusters, in its early stages, mainly relied on the basic advantages brought by the national industrial layout and the support of different traditional factors like local labor force and land, while bio-medicine and new materials industry clusters, in their early stages, mainly depended on the support from the factor of rich local raw materials.

(2) The efficiency-driven type: accompanied by the changing economic development stage and industrial structure, emerging industry cluster models have also witnessed huge changes. On one hand, constraints of traditional factors like resource, population and investment became even more pronounced. On the other hand, it is difficult to further improve output efficiency and form new competitive edges by relying only on traditional factors. To enhance the competitiveness of the clusters, more attention should be paid to technological upgrading and the leading role of innovation, so as to fulfill the transformation from "factor-driven" to "efficiency-driven". It could be said that innovation, including the innovation of technologies, business models, and relevant systems and mechanisms, plays a pivotal role in efficiency-driven industry clusters. For example, since the beginning of the 21st century, China's bio-medicine industry clusters, which used to be factor-driven, have gone through an innovation-led transformation. Enterprises all stepped up research and development of new medicines, thus enabling the clusters to form new competitive advantages.

(3) The new factor-driven type: the new round of global technological revolution is rapidly generating a batch of new technology-and new factor-driven emerging industry clusters. The new factor-driven type is, in essence, also led by innovations. Compared with the efficiency-driven type, it increases the efficient use of data, information, knowledge and other newly-emerged production factors, making them the key factors and the most vital resources in promoting cluster revolution and development, so as to ultimately boost innovation and productivity of clusters. For instance, the big data cluster in Guiyang and the IOT cluster in Wuxi are typical new factor-

driven clusters.

Compared with traditional industry clusters, emerging industry clusters boast more powerful impetus for innovation, greater knowledge spillover effect, and stronger self-upgrading capabilities. Traditional industry clusters mainly consist of small and medium-sized enterprises, with flexible models of production and other features like regional embeddedness, self-reinforcement, networked cooperation and cluster innovation. Apart from these features, emerging industry clusters are also characterized by high concentration, high technology, high interaction and development transmission. In emerging industry clusters, there are several core enterprises and various supporting small and medium-sized enterprises, as well as other small enterprises connected to the value chain. Brand is the core competitiveness of enterprises in emerging industry clusters, and technological innovation is the key for their survival.

Fostering emerging industry clusters is the only way forward for developing emerging industries, and an important path towards accelerating industry transformation and upgrading and advancing regional economic development. It calls for the coordinated development of industry clusters and innovation, full display of the advantages in talents and technologies agglomeration as well as coordination and collaboration inside and outside the clusters to create innovation spillover effect, increase the efficiency of innovation and production and promptly commercialize technological outcomes.

Ⅲ. Emerging Industry Clusters Need Commensurate Financial Support

As western economic theories develop, the focus of the economic growth theory has gradually shifted from capital accumulation and industrialization to science and technology, policy and other factors, with increasing emphasis on the transformation from labor-intensive production into capital-, talent-and technology-intensive production and on the significance of human capital and technological progress for industries. The New Growth Theory has endogenized the exogenous technological advancements in the Solow Growth Model. Many important models have already put human capital at the core of economic growth studies.

Formation of industrial capital, including physical and human capital, and technological advancements are the key to industrial development. By easing financial constraints, improving resource allocation efficiency and the integration and guiding function of industries, further gathering physical and human capital, and supporting technological innovation and progress, financial assets that are based on the reproduction and development of industrial capital could eventually boost the development of emerging industry clusters. Hence, financial development and industrial development are mutually reinforcing. Efficient financial support mechanism is the "accelerator" of industrial development, and is conducive to optimizing capital allocation, reducing information and transaction costs, providing technological innovation with venture investment, forming industrial capital, and promoting the development of industry clusters. Meanwhile, emerging industries could gain special financing advantages, because the clustering model could reduce information asymmetry between banks and enterprises, shaping a "credit chain" among enterprises, forming financial economies of scale, and laying the foundation for mutual credit guarantee and the expansion of the scope of mortgage guarantee.

Enterprises have varying financing needs in different development stages, industry chain links, and innovative development models of the emerging industry clusters, which calls for diversified, differentiated and tailored support from the financial system. Similar to the life cycle of enterprises, emerging industry clusters also have three development stages, namely the seed stage/launch, the growth/development stage, and the maturity/optimization stage. Financing needs differ significantly in each stage. Identifying the characteristics of the three stages could assist all the financial support providers in forming problem-oriented and targeted solutions, so as to achieve win-win results in both optimizing resource allocation and expanding emerging industries.

Table 3 – 1   **the characteristics and financial support needed in different development stages of the emerging industries**

Stage	Characteristics	Financial Support
Formation	Fewer enterprises; Weak division of labor and cooperation; Upstream and downstream firms less concentrated; Clusters comparatively sealed; Huge uncertainties in R&D and technological innovation; Relatively high financial investment risks	Government funds Venture capital
Development	Enterprises more concentrated and starting to have division of labor and cooperate; Supporting enterprises and service providers on the industry chain starting to gather; Clusters expanding and gradually opening up themselves; Maturing R&D and technological innovation; Reduced financial investment risks	Bank credit Equity financing Debt financing Insurance and so forth
Optimization	Enterprises highly concentrated with close cooperation; Relatively stable and complete industrial value system; Cross-regional interactions among clusters; Mature R&D and technology commercialization; Relatively low financial investment risks	Capital market and money market

The systematic industry chain of emerging industries includes upstream and downstream enterprises, technologically-related parties, relevant supporting institutions, capital providers and so forth. Each link of the industry chain has its own features and is of pivotal significance to innovation. In the future, emerging industry cluster development will also leverage the Internet platform. Financial needs for traditional credit evolve into needs of diversified products, and from the single financing channel to multiple financing channels and comprehensive modern services. Therefore, we are in urgent need of highly efficient, wide-ranging and innovative financial support to generate new momentums that could guide emerging industry clusters towards the higher end of the value chain.

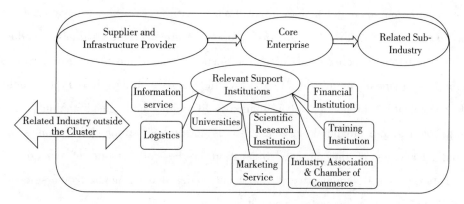

Chart 3 – 1   the industry chain of emerging industry clusters

Based on different degrees of uncertainties, innovation sources and innovation diffusion modes, the innovation models of emerging industry clusters could be divided into five types, namely the Magnates Importing Type, Upgraded Innovation Type, Integrated Innovation Type, Innovation Introduction Type, and Independent Innovation type.

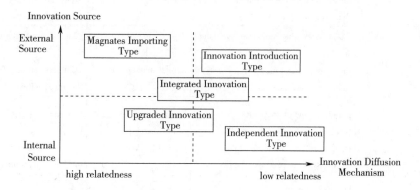

Chart 3 – 2   Four-quadrant model of the innovative development model

of emerging industry clusters

Five types of emerging industry clusters are positioned to receive different financial support:

(1) the Magnates Importing Type should focus on improving the efficiency and the accuracy of funds operation, further developing and promoting technological innovation of the core enterprises, so as to scale up the emerging industry; (2) the Upgraded Innovation Type should focus on local competitive industries, and lever the advantages of available green channels, customized services, credit enhancement guarantee and diversified investment to foster and strengthen exclusive capital elements of science and technology, education and service system; (3) the Integrated Innovation Type should strengthen research and cooperation, talent exchanges, equipment sharing and horizontal mergers, integrate financial information and policy measures to carry out more technology innovation activities; (4) the Innovation Introduction Type should foster high-quality "incubators", open up green credit channels, conduct equity financing to meet the financing needs of entrepreneurs of small and medium enterprises in the cluster through financial innovation; (5) the Independent Innovation Type should create favorable ecological environment, solve financing difficulties and cut financing costs through innovating policies and financial services, so as to protect strong innovation sources and intellectual advantages of the cluster. Innovation is the core engine of emerging industry clusters. Different types of innovative development models have generated diversified financing needs and different requirements for financial services.

Table 3 – 2   the financing needs of different innovative development models of emerging industry clusters

Cluster Type		Characteristics	Financial Support	Example
Magnates Importing Type		Introduce core giant enterprises to the cluster Clearly defined innovation path Relatively low uncertainties	Policy-based finance Bank credit	Panel display cluster in Hefei, Anhui Province, China
Upgraded Innovation Type		Based on existing industrial foundation and factors Endogenous innovation Relatively low uncertainties	Bank credit Capital market	Film industry cluster in Los Angeles, the US; TCM cluster in Tonghua, Jilin Province, China
Integrated Innovation Type	Infiltration	Relatively low uncertainties Possible leapfrog development Higher possibilities to be replaced Relatively high asset specificity	Equity financing Debt financing Capital market	New energy vehicle cluster in Lyons, France; Electronics manufacturing cluster in Shenzhen, China
	Transformation			
	Extension			
	Reorganization			
Innovation Introduction Type		Introduce capable innovators Undefined development path The industry is not yet mature	Venture capital Policy-based finance	Internet industry cluster in Beijing, China
Independent Innovation Type		Endogenous innovation High uncertainties and investment risks	Venture capital	Bio industry cluster in Munich, Germany

Financial innovation is the key to the coordinated development of emerging industries. Different development stages, different links of the industry chain and innovation models generate varied financing needs. Therefore, only innovative financial models could meet the needs of open innovation and coordinated development of emerging industries. Innovation of financial concepts, mechanisms and products could enhance the efficiency of industrial capital agglomeration, drive technological innovation, better display the "linking effect" of finance in industry agglomeration and innovation, improve targeted financial services and regulations, and support the development of emerging industry clusters in a more efficient fashion.

Ⅳ. International Experience on the Development of and Fiscal and Financial Support for Emerging Industry Clusters

Emerging industry clusters have become an important symbol of industrial development in major developed countries. Germany's high-end manufacturing industry always occupies a relatively big share in the international market. The United States enjoys consistent innovation and strong application capabilities in the field of AI, with the Silicon Valley as the current key area for AI development. The Medicon Valley spanning Denmark and Sweden is the fourth largest bio-medicine cluster in the world, possessing powerful research and development, production and service capabilities which are rarely seen elsewhere in the world. The prosperous material industries are key for Japan to maintain its leading role in machinery manufacturing industry for a long period of time, with absolute advantages in the international market of environment and new energy materials. The cultural and creative industries helped with the U. K's successful transformation from the manufacturing-dominated "World's Factory" into the culture industry-pillared "World's Creative Center", with its creative products production ranking the second only to the United States. Therefore, we have chosen Germany's high-end equipment manufacturing industry cluster, the AI industry cluster of the United States, the bio-medicine industry cluster of Denmark and Sweden, the new material industry cluster of Japan and the cultural and creative industry cluster of the United Kingdom to analyze their characteristics and development paths in promoting industry clusters.

Table 4-1   the characteristics of the development and financial support of emerging industry clusters of certain countries

Country	Industry Cluster	Development Advantages	Fiscal and Financial Support
Germany	High-end Equipment Manufacturing	Sound industrial foundation; Collaboration between small and medium-sized enterprises; Government guidance	Fiscal support for national strategies; Financial support mainly from policy banks

（Continued）

Country	Industry Cluster	Development Advantages	Fiscal and Financial Support
U. S.	AI	Coordinated development of both hardware and software facilities; High attention paid by the government; Clustering effect of giant enterprises	Introducing capital market funds; Using venture capital to promote the industrialization of technologies; Carrying out mergers and acquisitions to facilitate the formation of industry clusters
Denmark-Sweden	Bio-medicine	Solid government support; Strong academic advantages; Clinical research and competitive resources	Sophisticated capital market providing financing channels; Outsourcing R&D around the world
Japan	New Materials	Support from Government; Cooperation mechanism among the Industry, the Academic research and the government; Strengthen operations in overseas markets	Financial budget allocation; The "main bank system" deepening the relations between banks and enterprises
U. K.	Cultural and Creative Industry	Supported by national strategy; Motivate the enterprises' initiatives on investment; Interdisciplinary and multi-sectoral Co-construction	Leveraging London's status as a financial center to provide sophisticated financing network; Great fiscal support from the government

From the successful experience of emerging industry development in different countries, we could find that above industry clusters share something in common: technological innovation as the core engine, a complete sophisticated industry chain; a group of influential international giant enterprises; governments support for industry cluster with institutional and policy guarantees; a diversified and sound financial mechanism promoting the development of industry clusters. Among these characteristics, a sophisticated fiscal and financial system is the key to the success of emerging industry clusters.

The developed capital market plays a crucial role in the development of emerging industry clusters. In view of the development patterns of emerging industry clusters, direct financing is the most appropriate financing tool in the early stages. The United States, the U. K. , Japan, Denmark and many other countries support the development of emerging industry clusters mostly through direct financing, venture capital and industry funds, leveraging their sophisticated, multi-tiered capital markets to meet the financing needs of enterprises in their start-up and fast growth stages, thus playing an important role in the process of technology commercialization. For example, the U. S. forms an integrated financial support system for merging industries by combining government organizations and non-government organizations, with capital market as the core and a flexible bank credit system as the supplement. The Silicon Valley boasts the largest and most sophisticated venture capital market in the world that provides financing support for the tech start-ups, especially in their early stages. Sweden has a professional and well-functioning venture capital market with many venture capital investors specializing in bioscience. Enterprises could easily get access to professional venture capital for technology transfer.

Besides, only with the comprehensive support of financial resources, institutional framework and policies can emerging industry clusters enjoy long-term sound development so as to become the new engine for a country's economic growth.

First, special funds. As emerging industries have high technical thresholds and R&D expenditure, it takes a long time for market cultivation to reach scale effects. The governments mostly make purchases and set up special industry funds to increase market demands, diversify the relatively high risks, generate exemplary effects, and guide venture capital into the emerging industries. Of course, government support could also enhance cooperation among enterprises of emerging industries, forming an innovation network. For example, the Clean Technology Fund led by the U. S. government invests nearly ten billion dollars a year to expedite the commercialization of clean technologies. The U. S. federal government also carves out a certain amount of capital from the military research budget each year to commercialize high and new technologies and conduct market development of industries like information economy and bio-tech. The Chinese government and China Construction Bank jointly launched the national Strategic Emerging Industry Development Fund to support the R&D and commercialization of the new-generation information technologies, high-end equipment, new materials, bio-industry, new energy vehicles, new energy and other industries.

Second, tax preferences. Offering tax preferences is the common practice adopted by different countries in their emerging industry cluster development. The central government and the local government of the emerging industry cluster would use tax preferences to attract more enterprises into the cluster. For instance, since April 1, 2011, London has announced tax incentives for cultural and creative industry multiple times, increasing the pre-tax deductions of R&D expenditure of small and medium-sized enterprises from 175% to 200% and 225%. Japan announced a 20% tax cut on new materials research funding, which could also be deferred and another 10% tax cut on R&D investment for new materials to encourage ordinary people to engage in the technological development activities of new materials. China's tax policy stipulates that the corporate R&D expenditure which does not generate intangible assets to be recognized as profit and loss in the current period is eligible for an additional tax deduction of 75% based on the actual R&D expense incurred. In case where intangible assets are generated, 175% of the costs of the intangible assets shall be amortized before tax.

Third, concessional loans. With the support of government's interest subsidy, the specifically-targeted low-cost concessional loans provide an important channel for the development of emerging industry clusters. For example, the United States formulated Advanced Technology Vehicles Manufacturing (ATVM) direct loan program with an amount of 25 $ billion, providing soft loans to advanced vehicle manufacturers like Ford, Nissan and Tesla to strengthen the comparative advantages in the field of new energy vehicles. EU also issued Airbus preferential government loans to support Airbus's R&D, which does not need repayment if the project fails to be successfully commercialized. German bank KfW provides financial support to small and medium-sized enterprises through the ERP Start-up Loan and conducts cooperation with venture capitals to encourage equity financing of small and medium-sized enterprises.

Fourth, policy guarantee; governments should create a favorable ecological environment for emerging industry clusters by making plans, integrating industry and education, improving social security and strengthening IPR protection. For example, between 2004 and 2014, the U. K. formulated four programmatic documents, transcending the party interest, with a view to transforming London into the world cultural capital in all-round and persistent way. The British government makes full use of public platforms, published financing guidance manuals, set up a financing network among government, banks, industry funds and creative industries. It also provides enterprises with investment risk assessment, IPR protection and creative skills trainings through professional public institutions. The German government provides financial support to large-scale systematic vocational education to train technicians and uses the sophisticated high welfare social security system to stabilize the skilled workers and avoid layoffs during economic depressions, thus equipping Germany's high-end manufacturing with an unparalleled talent pool. The Shenzhen Municipal Government of China released the *Implementation Plan of Shenzhen on Further Accelerating the Development of Strategic Emerging Industries*, putting forward systematic plans for developing emerging industries from the perspectives of technology, capital, talent, access, regulation, standards, and intellectual properties, with diversified measures to support relevant organizations in their innovation capacity building, commercialization, application demonstration and roll-out, and supporting service system building.

V. Patterns for Developing Strategic Emerging Industry Clusters in China and Financial Innovation

During the 12th Five-Year Plan period, Chinese strategic emerging industries, including energy conservation and environment protection, the new generation of information technology industry, bio-industry, high-equipment manufacturing industry, new energy industry, new material industry and new energy vehicle industry, were cultivated and then experienced rapid expansion. These previously scattered industries come gradually in full bloom. Since the release of the 13th Five-Year Plan, China has scored numerous breakthroughs in the new generation of information technology industry, high-equipment manufacturing industry, bio-industry, green and low-carbon industry, and digital creative industry, along with new technologies and new products springing up among major enterprises and the industrial development momentum developing in full swing. Infrastructures for scientific research are being upgraded. For instance, such infrastructures like Five-hundred-meter Aperture Spherical Telescope (FAST), and Tianhe Super Computer provide strong backup and platforms for scientific researches. In the IT industry, Huawei releases its own Hisilicon chip and Harmony OS, achieving important breakthroughs in two key areas of information technology in China. In bio-industry, China has started from scratch and gained fruitful achievements in PET-CT and other high-end medical equipment industries. In terms of high-end equipment manufacturing, China's first domestically designed and built large airline – C919 – completed its maiden flight; the ARJ21 also realized commercial operations; China also has world-class launch vehicles: the Liaoning aircraft carrier, the Jiaolong manned deep-sea research submersible and the " sophisticated artificial island maker" Tianjing cutter-suction dredger have all been put into use. The prototype for the China's latest high-speed magnetic-levitation (maglev) train project rolled off the assembly line, which is developed by a team spearheaded by China Railway Rolling Stock Corporation (CRRC), and capable of hitting speeds of 600 kilometers per hour, signifying China's important breakthrough in the field of high-speed maglev train.

In addition to the seven major strategic emerging industries, the digital creative industry was also added into the 13th Five-Year Plan for National Strategic Emerging Industry Development that depicts overall geographical planning for Chinese strategic emerging industries. Over the past decade, under the government guidance and the development guideline of "developing infrastructure first", China's strategic emerging industries have experienced four stages of development, namely the self-dependent stage, the opening up stage, the integrated development stage and the self-innovation stage. The eight strategic emerging industries mentioned in the 13th Five-Year Plan gradually developed by relying on the city clusters like Beijing-Tianjin-Hebei, Shanghai-Nanjing-Hangzhou, Shenzhen-Hong Kong- Macao and the megalopolises of Chengdu, Wuhan and so forth, forming the development landscape of four major industry clusters in the Yangtze River Delta, the Circum-Bohai Sea Region, the Pearl River Delta and the middle and upper reaches of Yangtze River. They are accelerating the upgrading of traditional industries and are the key engines in shifting old growth drivers to new ones, as well as the key to drive the coordinated development of factors in building modern industrial system.

Table 5 – 1   **the characteristics of financing needs and financing models**
of certain Chinese emerging industries

Industry	Characteristics of financing needs	Characteristics of financing models（part）
New generation of IT	The key links of the industry include R&D and industrialization; long payback period; pronounced technical risks; intellectual properties and other intangible assets are the main assets of technology R&D entities;	Industrial investment fund; mid-and long-term loan
Bio-industry	Industry investments are mainly used in the R&D of new products, plant construction, and machines and equipments and other supporting facilities	IPO
High-end equipment manufacturing	The most technology-intensive industry in the equipment manufacturing industry; Situated at the core of the industry chain; a knowledge-intensive, interdisciplinary and multi-field industry; highly competitive	Technical transformation fund; mid-and long-term loan
New materials	the overall debt to asset ratio of the industry is relatively low; equity funds are the main source of capital; relatively large investment in the early stages of R&D and production; in need of substantial financial support; relatively high technical and market risks; lower credit ratings; fewer collateralizable assets	Venture capital fund
Energy conservation and environment protection	Pronounced significance to public welfare, large capital needs, long investment period before achieving the desired result	Project financing; Green loans Green trust
New energy	Large investment in the initial stage; Lower rate of successful R&D commercialization; Long payback period; Relatively high investment risks	bonds; Finance lease
New energy vehicle	Chinese new energy vehicle industries are mainly policy-driven	Car rental; bonds
Digital creative industry	Most of the digital creative industry businesses are small and medium-sized enterprises; Lack of effective collateralizable assets and pledges; Due to the small scale of enterprises and the large capital needs, the industry has internal flaws like vulnerability in risk taking and difficulties in value assessment, which narrows its financing channels	Intellectual property pledge financing; Debt-equity combined financing

First, the government + market model; according to government's impact in the development process of strategic emerging industries, we could divide the development models into the government-led model, the market-led model and the government + market model. In the market-led model, the government is merely a service provider and plays a coordinating role without interfering into enterprises' development. China's strategic emerging industry clusters have gone through only a short period of development, thus many of the industries are still lacking core technologies faced with the problems of low technical content and added value. A sophisticated innovative service system based on knowledge production and creation has not yet been formed. Many industry clusters development also have other problems like unclear positioning, repeated construction, and homogeneous competition within the region. Hence, it is not the appropriate time to adopt the market-led model. To give play to the role of market in resource allocation, China has chosen the government + market model. On one hand, the government makes plans on the technology development path, works to establish strategic emerging industry clusters, and institutes industry policies. On the other hand, market resources are used to guide the industrial development trends, generate benefits of innovation and play a mentoring, guiding and forecasting role for enterprises. China scientifically adopts different development models for different strategic emerging industry clusters in accordance with local conditions and the development characteristics of the eight major strategic emerging industries. The government-led model should be applied in high-end equipment manufacturing industry, new energy industry, energy conservation and environment protection industry considering the large investment needed in their early stages. As the new generation of information technology industry, the bio-industry and the new energy automobile industry are in the key stage of core technology breakthrough; and the new material industry and digital creative industry still need improvement in technical content and added value, the government + market model should be adopted.

Second, deepen reform of innovative financial models; currently, China's strategic emerging industries lack collaborative innovation initiatives, while there are structural flaws in the financial system. As a result, the effectiveness of financial support is hindered. For example, state-owned banks are more inclined to lend to large and medium-sized enterprises. Small enterprises are still short of funding despite the financial inclusion initiatives in recent years; the capital market also prefers large enterprises over small ones, and favors pubic over private enterprises, so s mall and medium-sized enterprises do not get the support they need; financing with collaterals and guarantees does not fit for the strategic emerging industries given their high risk and asset light features. In the past five years, to better support the development of emerging industry clusters, China has deepened reform of its financial system and carried out many institutional innovations. (1) Banks reform their credit management system, formulate special credit management policies targeting at strategic emerging industries, foster professional financial service teams for strategic emerging industries, and launch tailored and differentiated financial services. Expand and promote the IPR pledged loan services including exclusive right, patent right and copyright and vigorously support independent intellectual property R&D projects. Carry out supply chain financing centering on core strategic emerging enterprises and the whole industry chain. Conduct debt-equity combined financing and provide long-term low-cost funds for enterprises. (2) Increase direct financing channels. The Main Board, the Small and Medium-sized Enterprise Board, the Growth Enterprise Board, the New Third Board, and the Fourth Board and other diversified investment and financing systems were established. In particular, the STAR Market launched in 2019 has injected much momentum to the development of strategic emerging industries. (3) Insurance companies have launched innovative products, carried out major equipment (the first set) insurance and an insurance compensation mechanism for the application of the first batch of key new materials. Leverage the market to diversify risks and actively support and safeguard the development of strategic emerging industries.

Third, developing infrastructure first; modern infrastructure is the prerequisite for developing emerging industry clusters and the indispensable condition to enhance their international competitiveness. Attaching importance to infrastructure development is a successful experience of China's rapid economic development. China still adheres to the principle of developing infrastructure first in the development of its strategic emerging industry clusters. It provides industry clusters with both software and hardware facilities, including land, water, electricity, environment protection, finance, energy transmission, communication, innovation vehicles and platforms and so forth. It is worth mentioning that the Chinese government continues increasing investment in major science and technology infrastructures, form a system of facilities covering energy, life, earth systems and environment, materials, particle and nuclear physics, space and astronomy, engineering technology and other fields, laying solid material foundations for strategic emerging industries. After conducting the world's first 5G network trials in Hongkou District of Shanghai, Chinese government vigorously promotes the construction of 5G infrastructures, makes full use of the support function of the 5G network and the empowering effect of 5G application, creates 5G network pilot zones, innovative application demonstration zones and industry gathering areas, so as to establish larger platforms for strategic emerging industry clusters.

China promotes emerging industry clusters in accordance with local conditions, forming several successful examples of the "finance supporting emerging industry clusters" in Beijing, Shanghai, Hangzhou, Chengdu and Shenzhen.

Table 5 - 2   **Chinese models of "finance supporting industry clusters"**

City	Industry Cluster	Model	Highlights and Characteristics
Beijing	AI; medicine and health; industrial internet	Bank credit innovation + the New Third Board	Pilot testing of debt-equity combined financing; according to the characteristics of the different development stages of small and medium-sized technology enterprises in Zhongguancun, banks have accelerated the process of granting loans and provided diversified financial support; the financing capability of the New Third Board continues to improve
Shanghai	IT, AI, bio-medicine	Venture capital + The STAR Market	Shanghai Venture Capital Association: assist in connecting venture capital institutions with innovation enterprises for their investment and financing; help tech startups of emerging industries in getting venture capital support; the STAR Market: set up more flexible listing standards; streamline the long approval and issuing process of A shares by launching the registration-based IPO system; give priorities to technology innovation enterprises in high and new technology industries and strategic emerging industries; provide the opportunity for Shanghai to attract all sorts of technology innovation enterprises
Chengdu	Electronic information; drug manufacturing; machinery	Intellectual property finance	Chengdu Science and Technology Bureau: set up the special guarantee fund for intellectual property pledge financing through Chengdu Production Promotion Center. The "Chengdu model" continues to evolve: Insurance was also included in intellectual property financing; the insurance institutions bear 50% of the risks, gradually forming the Chengdu model of "bank loans + insurance guarantee + risks compensation + fiscal subsidies"
Shenzhen	New generation of IT; high-end equipment manufacturing; green and low carbon industry; bio-medicine; digital economy	Venture capital fund + supply chain finance	Shenzhen Capital Group Co., Ltd. mainly invests in small and medium-sized enterprises, self-innovation new and high technology enterprises and enterprises of emerging industries, covering the entire life cycle of the enterprises. Through resource integration, capital operation, supervision, regulation, training and other measure, it facilitates the rapid and healthy development of enterprises. Shenzhen is the birthplace and the distributing center of domestic supply chain finance; "yiqilian" "lianyirong" and other supply chain finance service platforms were all formed in Shenzhen
Hangzhou	Computer communication and other electronic equipment manufacturing; drug manufacturing	Government-guided fund + High-tech guarantee	Set up government venture capital guiding funds: leverage social capital; focus on guiding venture capital firms to invest in start-ups, especially in the fields of electronic information, biomedicine, new energy, and new materials, which are in line with the development plan of Hangzhou's high-tech industry. Hangzhou High-tech Guarantee Co., Ltd. mainly provides financing guarantee and economic information consulting services for small and medium-sized technology enterprises in Hangzhou. It has created for the first time the "Loan Risk Pool", providing local small and medium-sized enterprises with 10 times the volume of the loan pool

VI. Policy Recommendations

1. Enhancing the Innovation Capabilities of Emerging Industry Clusters by Leveraging Industry Cluster Networks

Emerging industry clusters are the crucial driving force of industrial structure upgrading and economic transformation. Under the principles of building advantages and distinctiveness while making breakthroughs and differentiation, effective measures should be taken to divert production factors into the emerging industries, thus forming network advantages of industry clusters and fostering the internal momentum for concentration of emerging industries in different regions, so as to achieve innovation-driven and quality economic development. Firstly, identify the resource features in different regions and foster a distinctive emerging industry cluster. Riding on the existing industry concentration area, regional development policies should be innovated to focus on transformation of key industries into the industry chain and innovation chain in a coordinated manner and to establish an enterprise cluster with distinctiveness and advantages, avoiding overlap and duplication; secondly, set up information sharing platform and form a regional innovation network, so as to provide favorable conditions for enterprises to access and share innovation resources and conduct consensus-based cooperation; thirdly, promote interaction between enterprises, between enterprises and scientific research institutions, and between enterprises and financial intermediaries, attach importance to city-industry integrated development, enhance positive interactions among different innovators, so as to form vigorous and efficient regional innovation networks and strengthen the innovation and self-development capabilities of emerging industry clusters.

2. Optimizing Financial Structures and Advancing Financial Innovation to Provide Multi-channeled and Tailored Financial Services

In order to break the financial constraints of emerging industry clusters, we should accelerate financial supply-side structural reforms, optimize the financing structures, set up a multi-layered financial system, provide better-targeted financial support for strategic emerging industries, innovate financial instruments and products, and implement the " fund + " " bank + " " insurance + " and other new models, so as to provide flexible, diversified and tailored financial support for enterprises within the cluster. At the same time, we should leverage the opportunity of emerging industry cluster development to optimize the allocation of financial resources in the whole society.

Firstly, leveraging the existing financial systems, we should strengthen the coordinated and mutually-complementing development of direct financing and indirect financing models, focus on establishing special and distinctive new financial institutions, promote the development of over-the-counter market riding on the new third board market, vigorously develop the corporate bond market and expedite the development of multi-layered capital market system.

Secondly, we should diversify investment entities, innovate financing models, and mobilize non-bank financial institutions. In terms of direct financing, we should boost the development of the Sci-Tech innovation board (STAR Market), improve the equity financing mechanism, encourage mutual fund financing, trust financing and project financing, and diversify the sources of long-term capital for enterprises through different channels. In terms of indirect financing, preferential policies in tax and regulation should be provided to micro-finance institutions investing in industrial clusters. We should leverage the positive effects of "debt-equity combined financing" model on fostering emerging industry cluster enterprises, and mobilize non-bank financial institutions like insurance companies, financial leasing companies, and financing guarantee companies.

Thirdly, we should set up special funds to support the development of emerging industries. Industrial development investment funds should be set up to generate demonstration effect. Government funds should drive social capitals to form all sorts of angel investment funds, as well as drive more social capitals to form emerging industries investment funds and international investment funds, so as to promote the development of emerging industry clusters.

Fourthly, strengthen industry chain finance, and promote the formation of more supply chain and value chain in emerging industry clusters. We should break the limitations of the traditional financing methods and establish a bigger industry chain financial ecosystem based on the supply chain, so as to provide full coverage of financing services for the upstream and downstream enterprises along the industry chain, and especially for the small and medium-sized enterprises.

Fifthly, we should consider tailored financial products for the high-risk and asset-light strategic emerging industries, and for different segments of the specific strategic emerging industries. We should vigorously expand innovative or IPR pledge services like chattel mortgage, rights pledge, income right pledge, and technology patents pledge; actively utilize different financing instruments like receivables pledge, warehouse receipt pledged loans, and financial leasing loans; develop the collective debt and notes for small and medium-sized enterprises, promote small enterprises collective bond trust funds, and accelerate the innovation of fixed-income products; conduct research on asset securitization projects and products according to the development characteristics of technology innovation enterprises; explore private placement bonds and high yield bonds which are suitable for the early development stages of technology innovation enterprises.

3. Deepening Industry-Education Integration to Provide a Talent Pool for Developing Emerging Industry Clusters

Deepening integration of industry and education and enhancing the linkages among education chain, talent chain, industry chain and innovation chain are the requirements urgently needed to develop human capital in emerging industry clusters.

Firstly, at the early stages of emerging industry cluster development, we should identify the needs of industrial and regional development, create new educational organizations and boost coordinated development of education and industry. We should also deepen reform of vocational education and higher education, give full play to the leading role of enterprises, and promote all-round connection and integration of all factors between the supply side of talent training and the demand side of industries. For instance, encourage enterprises to invest in and set up vocational education organizations to provide internship and training opportunities for students, conduct trainings to teachers, deepen the cooperation between schools and enterprises, and establish training centers in line with integration of industry and education.

Secondly, with regards to the emerging industry clusters taking shape in different regions, we should strictly implement the various preferential policies instituted by the government to support enterprises' involvement in vocational education, strengthen support and improve procedures for enterprises in project examination and approval, purchasing services, financial support, policies for land use and other aspects, gradually increase industries and enterprises' involvement in education, conduct school-enterprise collaborative education and improve the demand-oriented talent training model.

4. Improving the Policy System and Exerting the Positive Effects of the "Visible Hand"

Emerging industry cluster development is a long-term, complex and systematic project. The development planning and industrial policies should embody systematic and comprehensive features, while coordinating the efforts of the government, enterprises, scientific research institutions and other parties, so as to fully enhance the development of emerging industries.

Firstly, we should start from both the demand and the supply sides and formulate comprehensive and systematic supporting policies. Policies on the demand side mainly include government procurement, market guidance, and encouragement of end consumption, with an aim to stimulate and foster the emerging industry market and reduce the market risks of enterprises' innovation products. Policies on the supply side mainly include policies regarding talent, capital and R&D with the objectives of stimulating innovation entities to comprehensively improve labor productivity and accelerate the development of emerging industries by updating and reconstructing industrial elements.

Secondly, the government should play its due roles and properly handle the relationship between market mechanisms and government control. While upholding the market orientation principle and the market's decisive role in resource allocation, the government should actively play its part in case of market failure, especially in the fields of traditional hardware infrastructure, new infrastructure, as well as software infrastructure like internet platforms, policies and standards. We should constantly improve the legal system of intellectual property rights, tax incentive policies, government investment funds, subsidized loan and guarantee mechanism, protect the initiatives of enterprises in science and technological innovation and divert the social funds into the development of emerging industry clusters. Government agencies should also lead in building the financial service information platforms to promote the communication between enterprises and investors, reduce information asymmetry between investing and financing parties, and create a favorable investment and financing environment, so as to guide more investors to make long-term investment in emerging industry clusters.

Thirdly, we should leverage the key role of investment and focus on strengthening new infrastructures by deepening reform in key areas and key linkages including finance. We should enhance opening-up, cooperation and sharing, speed up the commercialization of 5G, and strengthen the development of new infrastructures, including AI, industrial Internet and the Internet of things. We should also improve investment and financing mechanisms, give play to the key role of investment, expedite technological and equipment upgrading in manufacturing industry, promote the cross-sector integration of new infrastructures and traditional infrastructures, and constantly enrich the meaning of infrastructure development.

Fourthly, we should strengthen the guiding role of fiscal funds, and establish an appropriate exit mechanism. Fiscal funds and private funds need to cooperate with each other. In this process, fiscal funds should play a guiding role, bear more financial risks in the early stages of the emerging industries, and mobilize private capital into relevant industries. An effective exit mechanism should be established for fiscal funds to exit in a timely and appropriate way when industrial clusters enter into the mature and profitable stage.

5. Empowering Emerging Industry Clusters with Financial Support and Carrying out Cooperation on Financial Risk Prevention and Control

Emerging industries are highly innovative industries with high uncertainties, a long growth cycle, great demand for technology and capital and strong asset specificity. Emerging clusters are mainly dominated by small and medium-sized enterprises, which means great growth potential as well as high sunk costs and financing risks. At present, affected by the increasing uncertainties of the international trade environment and the downward pressure on domestic economy, the overall growth rate of the manufacturing industry is slowing down, and the potential risks of enterprise financing are increasing. Hence, to avoid new over capacities and prevent and control financial risks require the joint efforts of various parties.

Firstly, the government should exercise its function of macro prudence, adhere to the principle of appropriate development with equal emphasis on quality and efficiency, so as to prevent the reckless expansion of emerging industries and eliminate potential risks of incurring new over capacities. Secondly, regulators should adopt differentiated regulatory policies with different risk tolerance and NPL write-off standards applied to emerging industries. They should also innovate regulatory methods and improve the regulatory system in response to financial innovation and strengthen risk prevention capabilities in the process of financial innovation. Thirdly, local governments, financial institutions and enterprises within the cluster should establish a long-term effective mechanism for regular communication, enhance information sharing backed by government credibility, guide real economy enterprises to optimize its own business and financial management models, encourage financial institutions to improve their way of ex-ante loan review and ex-post loan management, provide industry investment consulting services, perfect the credit risk management mechanism, and enhance the overall risk control capabilities of the financial system of the emerging industry clusters.

后 记

新兴产业代表着新一轮产业变革的方向,日益成为各国培育发展新动能、获取未来竞争新优势的关键领域,也成为全球经济实现复苏和增长的主要动力。同时,新兴产业集群化趋势以及创新潜力逐渐显现,并得到世界各国及地区的高度关注与重视。在此背景下,为促进金融机构交流与合作,借鉴国际经验与先进做法,有效服务新兴产业集群化发展,亚洲金融合作协会(以下简称亚金协)聚焦"新兴产业集群的金融支持",出版发行了《全球产业金融观察报告(2019)——新兴产业集群的金融支持》(以下简称报告)。

为了保证报告编制工作的专业性和规范性,亚金协专门成立了编委会,邀请产业金融合作委员会(以下简称产融委)第一届主任单位中国建设银行担任牵头单位,邀请产融委第一届主任、中国建设银行副行长章更生先生担任编委会主任。编委会成员由来自亚金协、中国建设银行、中国人民大学、国家信息中心、瑞穗银行(中国)、中国农业银行以及其他产融委成员单位的30余位有影响力的专家学者和行家里手组成。

报告编制历时近一年,先后共经历资料收集、提纲确定、集中编写、专家评审、对外发布、完善定稿6个阶段,凝结了编委成员大量的智慧与心血。2019年3月12日,产融委举办了"战略性新兴产业集群及金融支持"专题讲座,为报告集中编制进行了理论、政策和业务辅导,开拓了思路,也获取了大量素材。我们赴广东、辽宁、山东、四川、河南、天津、重庆等省、直辖市开展了多种形式的调研,积累了大量关于新兴企业、新兴产业集群以及金融支持的案例,深入探讨了新兴产业集群化发展所面临的融资困难。2019年7月8~12日,在瑞穗银行(中国)、日本财产保险(中国)和三井住友海上火灾保险(中国)3家日资产融委成员单位的大力支持下,我们赴日本东京开展了境外调研,听取了上述3家日资金融机构总部的相关专题讲座,并赴东京证券交易所、日特机械工程有限公司进行了有针对性的调研交流,为报告编制收集到境外的一手资料。为提升报告内容的前沿性、专业性和国际性,我们多次组织召开了产融委办公会和专家研讨会,对报告编制阶段性成果进行审议讨论,听取并吸纳了多方的有益建议。2019年8月28日,在亚金协第二届产业金融国际会议上,在国际社会各方共同见证下,亚金协正式对外发布了报告编制的阶段性成果,邀请到亚金协第一副理事长潘光伟先生、中国建设银行副行长章更生先生、沈阳市人民政府市长姜有为先生、瑞穗银行(中国)行长竹田和史先生以及中国人民大学国际货币研究所副所长涂永红教授共同启动了发布仪式，并由产融委办公室主任、中国建设银行公司业务部副总经理李钺女士致发布辞。

在报告编制过程中，中国人民大学和国家信息中心给予了我们大力支持，承担了大量繁重的撰稿工作。沈阳市人民政府及沈阳金融商贸开发区管理委员会为报告编制以及其他委员会工作提供了强有力的支持，使沈阳成为产融委最鲜活的调研基地和亚金协产业金融国际会议的会址。在报告付梓之际，我们谨向参与及支持报告编制出版的所有个人及机构表示诚挚的谢意。

我们致力于通过编制发行系列报告，为推动亚洲地区产业金融交流提供有效载体，为展示金融赋能产业转型发展的最新成果提供重要渠道，也为深化国际化产融对接与合作提供理论指导。希望读者朋友们持续关注我们陆续编制发行的系列报告及亚金协产融委的其他各项工作，期待您反馈宝贵意见和建议，并对报告中的失误与不足给予批评指正。

联系邮箱：wangfei@afca–asia.org

编委会
2019 年 12 月 27 日

亚洲金融合作协会简介

亚洲金融合作协会，简称为亚金协，英文名称为 Asian Financial Cooperation Association，缩写为 AFCA，主要由亚洲国家和地区的金融机构、金融行业组织、相关专业服务机构以及金融领域的有关个人自愿结成，是在中华人民共和国民政部登记注册的区域性国际非政府、非营利性社会组织。

发起成立

在博鳌亚洲论坛 2015 年年会主旨演讲中，习近平主席首倡探讨搭建亚洲金融机构交流合作平台。之后，李克强总理在东亚合作领导人系列会议、博鳌亚洲论坛年会、东盟与中日韩（10 + 3）领导人会议等多个国际会议场合表示，中方积极倡议支持筹建亚洲金融合作协会。

上述倡议很快得到区内外金融界高度关注并积极响应。2016 年 3 月 25 日，来自亚洲、欧洲、美洲 12 个国家和地区的 38 家金融机构齐聚海南，参加亚洲金融合作协会发起会议，并签署《发起设立亚洲金融合作协会意向书》。2017 年 5 月 11 日，亚洲金融合作协会成立工作会议在中国北京召开，会议审议通过了《亚洲金融合作协会章程》《亚洲金融合作协会首届理事、监事、高管人员推荐办法及人选名单》等 13 项议案，表明亚洲金融合作协会筹建工作基本完成，并列入"一带一路"国际合作高峰论坛成果清单。

协会宗旨

协会宗旨为"联通合作 共治共享"，即一方面致力于搭建亚洲金融机构交流合作平台，加强区域金融机构交流和金融资源整合，共同维护区域金融稳定，避免再次发生大规模地区金融动荡，为区域实体经济发展提供更有力的支撑；另一方面通过治理结构制度安排，便利全体会员共同治理协会，共享协会服务及成果。

工作范围

• 建立联络机制，常态化会员互联互通，增进业界情谊，营造区域金融业者朋友圈。

• 推动会员超越"信息孤岛"，探寻信息交集，整合信息数据，搭建区域金融信息共享平台。

- 举办区域高端金融论坛，研发区域金融发展报告，打造区域金融智库，搭建区域金融思想交流平台。
- 适应跨境金融基础设施、跨境金融业务需要，充当桥梁纽带中介，搭建区域金融实务合作平台。
- 总结推广区域普惠金融、绿色金融、消费者权益保护等最佳实践，搭建区域金融业社会责任引领平台。
- 组织或代表会员与相关区域及全球政府间及非政府间金融合作组织沟通对话，表达区域意见，贡献区域智慧与方案，搭建国际金融治理参与平台。

治理结构

协会组织架构包括会员大会、理事会、常务理事会、监事会、秘书处。首届理事会由 48 人组成，首届常务理事会由 26 人组成，首届监事会由 10 人组成。

会员构成

协会立足亚洲、开放包容，会员以亚洲国家和地区有影响有意愿的金融机构、金融行业组织、相关专业服务机构以及在金融领域具有一定影响力的行业管理者和资深专家为主体，同时欢迎区外同类机构及个人加入。截至 2019 年末，亚金协会员机构有 120 余家，来自亚洲、欧洲、美洲、大洋洲、非洲五大洲 31 个国家和地区，涵盖银行、证券、保险、基金资管、期货、国际金融中心、行业协会、金融科技及金融服务等领域。欢迎区内外有影响有意愿并拥护协会章程的机构及个人加入协会。

Introduction of Asian Financial Cooperation Association

Asian Financial Cooperation Association (hereinafter referred to as "AFCA") is a regional non – governmental and non – profit organization registered with Ministry of Civil Affairs, PRC, comprising financial institutions, financial industry associations, relevant professional service agencies and experts of the financial sectors from Asian countries and regions on a voluntary basis.

Initiation and Establishment

President Xi Jinping first proposed to explore the possibility of establishing a communication and cooperation platform for Asian financial institutions at Boao Forum for Asia 2015. Premier Li Keqiang has then, on various occasions including Leaders' Meetings on East Asia Cooperation, Boao Forum for Asia and ASEAN Plus Three (China, Japan and the ROK) Leaders' Meeting, expressed that China actively supports the establishment of AFCA.

This initiative has obtained wide attention and active response from the international financial community. On March 25, 2016, 38 financial institutions in 12 countries and regions from Asia, Europe and America attended AFCA Originating Institutions' Meeting in Hainan and signed Letter of Intent for Originating the Asian Financial Cooperation Association. On May 11, 2017, the Working Meeting on the Establishment of Asian Financial Cooperation Association was held in Beijing, during which 13 proposals were reviewed and passed, including *Articles of Asian Financial Cooperation Association*, *Recommendations and List for First Term of Directors*, *Supervisors and Senior Executives of Asian Financial Cooperation Association*. The successful conclusion of the working meeting indicated that the preparatory work of AFCA had been largely completed. The establishment of AFCA was listed into the achievements of Belt and Road Forum for International Cooperation.

AFCA's Philosophy

AFCA's philosophy is "Connectivity, Cooperation, Joint Governance and Shared Benefits"

. AFCA is devoted to building an exchange and cooperation platform for Asian financial institutions, strengthening exchanges among regional financial institutions and financial resources integration, jointly safeguarding regional financial stability, and supporting the development of real economy in the region. Meanwhile, AFCA is aimed at facilitating joint governance with shared benefits for all members through sound governance structure and institutional arrangement.

Work Scope

● To establish a liaison mechanism, promote communications among members, strengthen industry bonding, thus building a regional financier circle.

● To push members to move beyond "Information Island", explore information intersections, integrate information and data, thus creating a regional financial information – sharing platform.

● To host high – level regional financial forums, issue regional financial development reports, create regional financial think tanks, thus building a regional financial idea – exchange platform.

● To facilitate cross – border financial infrastructure and business development, serve as an effective and unique link, thus building a regional financial cooperation platform.

● To summarize and promote best practices in regional financial inclusion, green finance and consumer protection, thus building a regional leading Corporate Social Responsibility platform for the financial industry.

● To organize or represent members to communicate and exchange with regional and global inter – governmental and non – governmental financial cooperation organizations, voice out the interest of the region, contribute regional wisdom and solutions, thus building an engagement platform for international financial governance.

Governance Structure

In terms of organizational structure, AFCA is composed of the General Meeting, the Board of Directors, the Executive Board, the Board of Supervisors, and the Secretariat. The first Board of Directors consists of 48 directors, the first Executive Board has 26 vice chairmen, and the first Board of Supervisors has 10 supervisors.

Members Composition

With its foothold in Asia, AFCA follows the philosophy of openness and inclusiveness.

AFCA's members are primarily financial institutions, financial industry associations, relevant professional service agencies and influential executives and senior experts in Asian countries and regions. Meanwhile, similar financial institutions and experts beyond Asia are also welcomed to join AFCA. By the end of 2019, nearly 120 financial institutions from 31 countries and regions in Asia, America, Europe, Africa and Oceania have confirmed to join AFCA as members, covering banks, securities companies, insurance companies, fund management companies, asset management companies, futures, international financial centers, industry associations, fintech and financial services companies. Institutions and experts in Asia and beyond with influence as well as willingness to comply with AFCA's Articles are welcomed to join AFCA.